플로리스트를 위한 꽃 상품 이야기
조셉 플라워

플로리스트를 위한 꽃 상품 이야기
조셉 플라워

초판 2쇄 | 2025년 2월 25일
저자 | 김시원

펴낸곳 | 수풀미디어
출판등록 | 2006년 8월 13일 제 382-2007-12호
주소 | 서울특별시 서초구 강남대로 27, 양재동화훼공판장 91-6

전화 | 02-743-0258
팩스 | 02-6008-6025
내용문의 | korcool3@naver.com (케이오알시오오엘3)
홈페이지 | www.spbooks.co.kr
www.spbook.co.kr

Publisher | 배철호
기획·진행 | 수풀미디어
사진 | 조셉플라워, 김시원
북디자인 | 수풀미디어 편집2팀, 최예린
표　　지 | 수풀미디어 편집2팀, 최예린

값 30,000원
ISBN 978-89-94177-51-9　13630

Copyright ⓒ2025 by SooPool Media Publishing Co.
All rights reserved. First edition Printed 2025. Printed in South Korea.

Signature Flower Products

JOSEPH FLOWER

LONDON

Preface

플로리스트라는 직업인으로 긴 외유를 마치고 돌아왔을 때 나의 이야기를 책으로 만들자는 권유가 종종 있었지만 부끄러워서 사양했다. 누구나가 똑같이, 먹고 살기 위해 나가 일한 당연한 일상을 나도 살았을 뿐인데 그걸 책으로 낸다는 건 말이 되지 않았다. 게다가 문학을 전공한 사람으로, 책은 적어도 인문학적 소양과 소신을 일정 정도 갖춘 사람이 써야 한다고 생각했었다. 나는 그런게 없는 인물인걸, 그런데 지금 나는 내 책의 서문을 쓰고 있다. Never say never 가 참 맞는 말이다.

나는 단순한 라이프 스타일로 살아가는 사람이다. 꽃이 좋았고, 그래서 배웠고, 그러다보니 영국꽃이 좋아져 영국에 갔고, 먹고 살아야해서 일했고, 한국에 돌아와서도 비슷한 패턴으로 살고 있다. 고로 내가 살아온 행적에 관해서는 그닥 이야기할 거리가 없으나 꽃이야기라면 할수 있을지도 모르겠다. 오래했으니까, 그리고 꽃이 여전히 너무 좋으니까.

이 책은 책이라기 보단 창업과 폐업의 사이클이 가장 짧은 산업군에서 버텨온 비루한 자영업자 플로리스트의 고분분투 성장기쯤이라고 부르는게 맞을 것 같다.

이 인쇄물을 통해, 내가 이렇게 살아왔으니 나를 따르라, 거나 꽃은 그렇게 하는게 아니야, 라는 메시지를 전달하고자 하는 의도는 추호도 없다.

단지, 아 저 양반은 긴 시간을 저런거 만들어서 먹고 살았구나, 정도로 여겨주면 좋겠다. 혹은 플로리스트라는 직업으로 꽤 버텨온 꼰대선배의 개똥철학쯤으로 생각해주기를.

책을 내기 위해 스튜디오에서 만드는 촬영용 플라워 디자인은 단 한 개도 넣지 않았다.(이건 출판사의 남다른 기획 의도이기도 하다) 모두 고객이 비용을 지불하고 '체험, 삶의 현장'에서 판매된 그야말로 진짜 상품들만 골라넣었다.

혹자는 날로 먹었다고 비웃을수도 있겠지만, 나는 땅에 발을 붙이고 사는 사람이다. 플로리스트이기도 하지만 동시에 꽃집 사장으로서, 책을 위한 '의도된' 스튜디오용 꽃디자인은 넣고 싶지 않았다. 또한 꽃가위, 오아시스, 줄기자르는 법 등등 모든 꽃책들이 다루는 기본적인 내용들도 과감히 생략했다. (나까지 더 하면 잔소리가 될까 싶은 노파심에)

그저 내 꽃이 좋다며 동네 꽃집으로 뜬금없이 마실오신 수풀미디어 배철호 대표님을 만난게 벌써 수년전이다. 게으르고 수동적인 나를 긴 시간동안 기다려준 대표님께 감사의 마음을 전한다.

끝으로 서울의 어느 한 골목, 누추한 동네 꽃집을 찾아준 나의 고객들과, 부족한 내 강의를 참아준 사랑하는 수강생들, 함께 작업한 조셉식구들에게도 감사한 마음 그득하며, 혹시나 이 책을 보게 될 플로리스트, 플로리스트 워너비, 플라워 러버들에게는 큰 허그를 보낸다. 우리는 같은 편이니까.

작약이 질 무렵, 조셉

WREATH   ORCHID   FLOWER CLASS

SEASONAL   LIVING & GOODS

⋯ CONTENTS

Part 01 Centerpiece

01 튤립저그
02 컬러드 베이스
03 라임 센터피스
04 달 항아리
05 해바라기 센터피스
06 모카라 오키드 센터피스
07 하트리스
08 테이블 포지
09 롱앤로우 센터피스
10 작약 꽃병
11 큐브 센터피스
12 메이슨 자 센터피스
13 목화 센터피스
14 언 센터피스
15 투명볼 부케
16 히야신스 센터피스
17 골드화기 센터피스
18 화이트그린 베이스
19 안개꽃 센터피스
20 블루 센터피스
21 터지머지 센터피스
22 포세린 화기 센터피스
23 어버이날 센터피스

Part 02 Flower basket

24 기본 핸들 바구니
25 핸들리스 원통 바구니
26 햇 박스
27 호박 바구니
28 이국적인 바구니
29 와인 바구니
30 화이트 & 실버 바구니
31 꽃배추 바구니
32 대형 바구니
33 빨간 장미 바구니
34 양철 바구니
35 버젯 바구니

Part 03 Hand-tied Bouquet

36 장미 & 유칼립투스 꽃다발
37 수국 & 장미 꽃다발
38 작약 & 장미 꽃다발
39 프로티아 꽃다발
40 하트 셰입 꽃다발
41 릴리 꽃다발
42 폴리지 꽃다발
43 해바라기 꽃다발
44 작약 꽃다발
45 100송이 장미 꽃다발
46 섹션 꽃다발
47 수국 플랫 꽃다발
48 가을 플랫 꽃다발
49 빈티지 장미 플랫 꽃다발
50 칼라 꽃다발
51 시상식 꽃다발

Part 04 Contract Flowers

52 제임스 스토리
53 델피늄 & 수국
54 심비디움 트리
55 산당화 센터피스
56 트로피칼 플라워 센터피스
57 심비디움 센터피스
58 화이트 앤 그린 센터피스
59 온시디움 센터피스
60 백합 센터피스
61 알륨 센터피스
62 장미 센터피스
63 안서리움 센터피스

Part 05 Other

64 리스
65 플라워박스
66 벤또 디자인
67 크리스마스 캔들 리스
68 조화 장식
69 플라워 토피어리

Part 06 Tip & Talk

꽃꽂이를 배우고 싶어요

CASE 01

꽃은 어디서 배우나요?

CASE 02

플로리스트가 되고 싶어요

CASE 03

꽃 유학이나 연수는 필수인가요?

CASE 04

브랜드 이미지

CASE 05

플로리스트의 직업병

CASE 06

진짜 플로리스트는 칼을 사용해야 한다고 하던데

CASE 07

힘들어요, 그만 해야 할까요?

CASE 08

조셉이 생각하는 플로리스트 워너비에게 중요한 것!

··· INDEX PREVIEW FOR PHOTOGRAPHS. 01~23 (센터피스)

튤립저그
TULIP JUG

컬러드 베이스
COLORED VASE

라임 센터피스
LIME CENTERPIECE

달 항아리
MOON JAR

해바라기 센터피스
SUNFLOWER CENTERPIECE

모카라 오키드 센터피스
MOKARA ORCHID CENTERPIECE

하트리스
HEART-SHAPED ARRANGEMENT

테이블 포지
TABLE POSY

롱앤로우 센터피스
LONG & LOW CENTER PIECE

작약 꽃병
PEONY VASE

큐브 센터피스
CUBE CENTERPIECE

메이슨 자 센터피스
MASON JAR CENTERPIECE

목화 센터피스 COTTON CENTERPIECE	언 센터피스 URN CENTERPIECE	투명볼 부케 BOUQUET IN FISHBOWL	히야신스 센터피스 HYACINTH CENTERPIECE
골드화기 센터피스 GOLD VASE CENTERPIECE	화이트그린 베이스 WHITE-GREEN VASE	안개꽃 센터피스 GYPSOPHILA CENTERPIECE	블루 센터피스 BLUE CENTERPIECE
터지머지 센터피스 TUSSIE-MUSSIE CENTERPIECE	포셰린 화기 센터피스 PORCELAINS CENTERPIECE	어버이날 센터피스 PARENTS' DAY CENTERPIECE	

... INDEX PREVIEW FOR PHOTOGRAPHS. 21~47 (바구니 / 꽃다발)

기본 핸들 바구니
BASIC HANDLE BASKET

핸들리스 원통 바구니
HANDLELESS CYLINDRICAL BASKET

햇 박스
HAT BOX

호박 바구니
PUMPKIN BASKET

이국적인 바구니
EXOTIC BASKET

와인 바구니
WINE BOTTLE GIFT BASKET

화이트 & 실버 바구니
WHITE & SILVER BASKET

꽃배추 바구니
ORNAMENTAL CABBAGE BASKET

대형 바구니
LARGE BASKET

빨간 장미 바구니
RED ROSE FLOWER BASKET

양철 바구니
TIN BASKET

버젯 바구니
BUDGET BASKET

장미 & 유칼립투스 꽃다발
ROSE & EUCALYPTUS BOUQUET

수국 & 장미 꽃다발
HYDRANGEA & ROSES BOUQUET

작약 & 장미 꽃다발
PEONY & ROSES BOUQUET

프로티아 꽃다발
PROTEA BOUQUET

하트 셰입 꽃다발
HEART SHAPED BOUQUET

릴리 꽃다발
LILY BOUQUET

폴리지 꽃다발
FOLIAGE BOUQUET

해바라기 꽃다발
SUNFLOWER BOUQUET

작약 꽃다발
PEONY BOUQUET

100송이 장미 꽃다발
HUNDRED ROSES BOUQUET

섹션 꽃다발
SECTION BOUQUET

수국 플랫 꽃다발
HYDRANGEA FLAT BOUQUET

··· INDEX PREVIEW FOR PHOTOGRAPHS. 48~69 (꽃다발 / 주문 상품 / 기타)

가을 플랫 꽃다발
AUTUMN FLAT BOUQUET

빈티지 장미 플랫 꽃다발
VINTAGE ROSE FLAT BOUQUET

칼라 꽃다발
CALLA BOUQUET

시상식 꽃다발
AWARD CEREMONY BOUQUET

제임스 스토리
JAMES STORY

델피늄 & 수국
DELPHIUM & HYDRANGEA

심비디움 트리
CYMBIDIUM TREE

산당화 센터피스
FLOWERING QUINCE CENTERPIECE

트로피칼 플라워 센터피스
TROPICAL FLOWER CENTERPIECE

심비디움 센터피스
CYMBIDIUM CENTERPIECE

화이트 앤 그린 센터피스
WHITE & GREEN CENTERPIECE

온시디움 센터피스
ONCIDIUM CENTERPIECE

백합 센터피스
LILY CENTERPIECE

알륨 센터피스
ALLIUM CENTERPIECE

장미 센터피스
ROSE CENTERPIECE

안스리움 센터피스
ANTHURIUM CENTERPIECE

리스
WREATH

플라워박스
FLOWER BOX

벤또 디자인
BENTO DESIGN

크리스마스 캔들 리스
CHRISTMAS CANDLE WREATH

조화 장식
ARTIFICIAL FLOWER DECORATION

플라워 토피어리
FLOWER TOPIARY

Part

01

CENTERPIECE

꽃을 처음 시작할 때, 왠지는 모르지만 센터피스라는 용어가 좋았다. 외제 좋아하는 내 안의 사대주의 때문일까? 꽃바구니, 꽃다발을 아무리 바스켓, 부케로 바꿔 불러도 센터피스라는 용어가 주는 버터냄새는 왠지 달랐다. 그래서인지 창업 후에 나는 센터피스를 고객들에게 많이 추천하고 많이 만들었다. 한때 검색창에 조셉 플라워를 검색하면 센터피스가 연관검색어로 나올 지경이었으니까

나는 작품으로서 감상해야 하는 플라워디자인의 팬은 아니다. 대학 시절, 처음 꽃 수업을 들으면서 사본 영국의 꽃 책들은 진부한 표현이긴 하지만 신선한 충격이었다. 그간 보았던 국내 화훼 서적들이 대부분 "중생들이여 내가 이렇게 꽃을 잘하니 와서 보고 경배하라"의 느낌이었다면 영국 꽃 책에 담긴 꽃들은 모두 우리의 생활공간을 배경으로, 꽃보다는 공간에 어울리는 디자인들이 많았다. 그 공간은 모두 우리 일상의 공간인 침실, 거실, 주방 등등이었다.

예술적이고 철학적인 컨셉이 담겨있는 작품으로서의 꽃보다는 사랑하는 사람과의 저녁 테이블에, 가족들의 생일 파티에 있는 그런 꽃에 눈이 간다. 그런 꽃을 만들고 싶다. 내 꽃이 주인공이 아닌 '사람들의 시공간을 주인공으로 만들어주는 그런 꽃' 그런 공간이면 여지없이 센터피스가 있었다.

센터피스는 또 화병과 함께 가는 아이템이니 선물 받은 꽃이 시들고 난 후 당장은 아니더라도 다시 꽃을 사게 하는 부스터가 될 수도 있지 않을까? 내가 무슨 생활 속의 꽃을 선도하겠다는 선구자는 아니지만 어울리는 화병을 찾는 일에서부터 센터피스는 시작된다.

과하지 않게, 은근하고 편안하게 클라이언트의 시공간을 빛내주자.

01

튤립저그
TULIP JUG

01
TULIP JUG
튤립저그

꽃을 사랑하는 이들은 알겠지만 어느 정도 시간이 지나면(꽃에 어느 정도 익숙해지면)
화병이나 화기가 얼마나 중요한지 알게 된다. 음식하는 이들이 그릇에 집착하게 되는 것처럼
플라워 어레인지를 위한 부자재^{Mediums}의 하나인 꽃을 담는 그릇이 되는
컨테이너^{Container}는 디자인의 분위기를 연출하는데 아주 중요한 키가 된다.
꽃만큼이나 느낌을 담는데 중요한 소재이므로
같은 꽃이라도 담는 컨테이너에 따라 다양한 연출이 가능하다.
손잡이가 달린 저그(해외에서는 Pitcher 라고 불리기도 한다)는 주전자 모양을 하고 있어
주방이나 가정의 한켠에 두고 활용하기도 좋다.
개인적으로 튤립과 잘 어울리는 화병이라는 생각 때문인지
튤립을 담을 때 자주 사용한다.

Material

튤립

Extra

투베로사
왁스플라워
아스틸베
화이트스타

Comment

1 튤립은 여름에 제철 소재가 아니고 국산 튤립은 찾기 어려운 편이라 예산이 비싸질 수 있으니 튤립이 흔한 겨울쯤이면 자주 만들어 볼 수 있겠다.

2 심플하게 한 가지 컬러의 튤립을 사용해도 무방하지만 화이트 튤립의 비율을 조절하면서 믹스하면 톤을 좀 더 뽀샤시하게 연출할 수 있다. 줄호엽 루프를 만들고 부케로 잡아 저그의 높이에 맞게 정리한 후 담아준다.

3 튤립은 껑충하게 웃 자라는 소재이기 때문에 개인적으로는 되도록 다른 꽃들과는 믹스하지 않으려고 한다.

4 시즌에 따라 줄호엽대신 투베로사, 왁스플라워, 아스틸베, 화이트스타 등으로 대체해도 좋다.

Technique Hand Tied

#창업때 부터 지금껏
#긴 시간 과분한 사랑받는 너는, 튤립 저그!
#저그에 튤립 좀 꽂아둔 참 별거아닌 센터피스!
#과분한 사랑받는거 보니 제가 인복이 많은가보아요
#특급 칭찬에 울고 있어요
#새삼 조셉 조합원들께 고마웁구나

02 컬러드 베이스
Colored Vase

02
COLORED VASE
컬러드 베이스

화병꽂이는 많은 사람들이 좋아하지만 어려워하는 아이템이기도 하다.
그건 고정의 어려움 때문인데, 테잎이나 와이어 등 그리딩(Griding)을 활용하면
좀 더 수월하게 병꽂이를 즐길 수 있다.

여름에 어울리는 시원한 블루 화병을 이용하여 인공적인 그리딩 소재를 사용하지 않고
폴리지(Foliage)로 다발을 만들어 자연스러운 그리드를 만든 후 작업하였다.

테이핑이나 치킨와이어를 사용하면 작업이 훨씬 더 수월하기도 하지만,
아직도 내 뇌리에 남아있는 영국 첫 스승님의 가르침은 여전히 내 신경을 건드린다.
인공적인 부자재는 되도록 사용하지 않거나 최소한으로만 사용할 것!
바로 이런 이유로 영국의 꽃이 가장 내추럴하다. 적어도 나에게는

Material
장미
후록스
조팝나무
알스트로메리아
꼬리풀
유칼립투스

Comment
- 영국에서 공부할 때 배우기를 그렇게 배우기도 해서이지만 병 꽂이를 보면 항상 화병 내부의 줄기를 체크하게 된다.

- 줄기들의 방향이 가지런한지 물이 지저분하지는 않은지

- 어레인지는 나쁘지 않은데 엉망진창으로 얼기설기 마구 꽂아놓은 화병 안의 줄기를 보게 될 때가 있다. 그런 어수선한 줄기들의 정글을 보면 '내부를 인커버링하거나 차라리 유색 화기를 썼으면'하는 생각이 든다.

#아내생일 서프라이즈
#모른척 놀라는척 해주시리라
#매번 조셉꽃이라 사모님께서 너무 아실듯
#스페인블루화병에 그득 담아본 화이트그린

03

라임 센터피스
LIME CENTERPIECE

03
LIME CENTERPIECE
라임 센터피스

In-Covering은 화기의 내부를 가리는 테크닉 중 하나인데,
인커버링 소재에 따라 투명한 화병 하나로
정말 수많은 화병을 만들어 낼 수 있는 재미있는 방법이다.
외부 화병과 내부 라이너(화병이 내부로 들어가면 센터피스가 너무 무거워지고 위험할 수 있다)는
가벼운 플라스틱 용기나 페트병을 활용하거나 방수 처리한 플로랄 폼을 바로 사용하는 게 좋다.

채울 수 있는 인커버링 소재는 정말 다양하다.
슬라이스 한 과일(시트러스 계열), 포푸리, 이끼, 허브, 꽃잎, 캔디, 마시멜로 등등
센터피스가 쓰이는 용도에 따라, 플로리스트의ʼ 상상력에 따라 얼마든지 변신이 가능하다.

Material

수국
잠미
미니장미
리시안서스
화이트스타
퐁퐁소국
에린지움
레몬

Comment

1 누군가가 내가 만든 이미지만 보고 라임, 레몬을 잘라 그냥 사용한 모양이다. 자꾸 주변으로 초파리가 날아든다고 문의가 왔더랬다. 락스 물로 한차례 헹궈 사용하거나, 나처럼 벌레 포비아phobia라면 모형 과일 등을 사용하길 바란다. 그렇지 않으면 센터피스가 포충기로 변신할지도 모르니 말이다.

2 너무 무른 과일은 내부에서 물러지기 쉬우니 잘라도 형태가 유지되거나 껍질이 단단한 소재를 사용하는 게 좋다.

#매년 생일 라임센터피스 보내시는
#상큼한 고객님
#만들다보니 모히또 생각나네

04

달 항아리
MOON JAR

04
MOON JAR
달 항아리

유럽에 피시 볼(Fish bowl) 이 있다면 우리에겐 달 항아리가 있다.
달 항아리는 일반적으로 사용하는 화기들에 비해 다소 고가이지만
동서양의 느낌 모두를 구현하기 좋은 컨테이너이니 하나쯤 가지고 있어도 좋다.

피시 볼처럼 매끈하거나 동그랗지는 않지만
라인이 부드럽고 유려해 고급스럽고 부드러운 연출을 할 때 제격이다.

가끔 웨딩플라워를 담당할 때 한국적인 느낌을 믹스한 퓨전 웨딩을 진행할 때가 있는데
그럴 때마다 반드시 사용하는 아이템이기도 하다.

Material
작약
장미
벚꽃
설유화
조팝나무
아미초
유칼립투스

Comment
1 피시 볼 센터피스처럼 핸드타이드로 만들어 어레인지 해주어도 좋지만 그 경우엔 유럽피언 디자인이 느낌이 강해지니 동양적인 분위기를 연출하고자 할 때는 치킨 와이어를 사용해 공간과 라인감을 강조해 본다.

2 조금 더 동양적인 느낌을 원한다면 볼드 한 매스 플라워의 비율을 줄이고 벚꽃, 매화, 대나무 같은 소재들을 포인트로 써보자. 동양화 같은 무드를 주기에 안성맞춤이니까

#뭘 넣어두 아름다운 달항아리
#병꽂이 마스터 클래스

Technique 치킨와이어 Chicken wire

AN EXTRA EDITION OF THE MOON JAR
양 팔 벌린 플라워 디자인

누군가가 질문을 했다.
꽃을 잘 모르시는 분이었는데, SNS를 보니
달 항아리나 바구니 꽃꽂이를 보면 하나같이 다 양팔을 세우고 있는데
그건 무슨 화풍花風이기에 조선팔도가 똑같이 하느냐는 게 질문의 요지였다.
'유행하는 스타일인가봐요' 라는 궁색한 답변을 하기는 했던 기억이 난다.
문제는 두 팔 벌린 꽃바구니가 아니라 너 나 할 것 없이 똑같은 게 아쉬울 뿐이라는 거다.

두 팔 벌린 꽃다발 (어머 이건 포장도 똑같다)
만세 삼창 중인 꽃바구니 (어머 이건 백윌도 똑같아)
두 팔들고 벌서고 있는 센터피스 (어머 이건 장미를 이집 저집 죄 똑같이 뒤집어 깠네)

트렌드를 무시하고 살 수는 없지만
고대로 답습만 하면서 살아가는 것도 유쾌한 일만은 아니다.
런던에서 일하면서 한 가지 좋았던 점은 꽃집마다 플로리스트마다 가진 감성이 다르다는 거였다.

Paul Pryke 매장의 화사한 색감들   /   Jane Packer의 미니멀한 라인
Moyses Stevens의 클래식함   /   The Real Flower Company의 올가닉함
Neil Strain의 조형미   /   Mary Jane Vaughan의 우아함 엣세트라 엣세트라

이 집에 가면 이게 흥미롭고 저 집에 들르면 저게 새로웠다.
그게 디자이너가 감상하는 이들에게 혹은 고객에게 주는 선물 아닐까
옆집이랑 똑같은 상을 차려놓고 '우리 집에만 오세요'는 어불성설일 수밖에 없다.

인테리어도 같고 사입해다 놓은 꽃도 같은 톤이고
같은 포장지에 비슷한 가게 이름까지, 몰개성沒個性의 시대여 제발 고이 접어 나빌레라
우리나라도 보는 재미가 있는 꽃집들이 많아졌으면 좋겠다.

05 해바라기 센터피스
SUNFLOWER CENTERPIECE

05
SUNFLOWER CENTERPIECE
해바라기 센터피스

해바라기는 많이들 알고 있듯이 재물을 가져다준다는
속설 때문인지 찾는 고객들이 꾸준하다. 그래서 반드시 연습해 두어야 하는
소재이기도 하다. 모든 소재들이 그렇겠지만 해바라기는 줄기도 굵고
화형이 깜짝 놀랄 만큼 크기 때문에 손에 익숙해지도록 많이 만져 보고 작업해 봐야 한다.
우리 수강생분들께 취창업전 미리 연습해두면 좋은 소재들을 추천해 드리는데
대표적인 것들이 해바라기, 칼라, 튤립 등등이다.
꽃 자체로 예쁘지만 참 내 맘 같지 않은 소재들이기도 하다.

전혀 어렵지 않고 이 소재들이 본인들에게 너무 수월하다면
플로리스트로 타고 나신 거라 부럽지만,
손재주와 탤런트가 그다지 없는 나는 어려운 소재가 편해질 때까지 반복적으로 습작한다.
"안되면 될 때까지"가 한때 나의 모토였다.

Material
해바라기
모카라
목수국
마가렛
사철
유칼립투스

Comment
1 어렵다면 피하지 말고 익숙해지길 추천한다.

2 익숙해지는데 훈련만 한 건 없으니까 자주 만들어 보시라.

3 화형이 정방향이 아닌 경우가 많지만 굳이 정면을 보게 할 필요는 없다. 지연스럽게 꽂아도 된다.

#고객님께서 해바라기 고장 출신이시라네요
#놋그릇에 하나 가득 담아본
#내가 무서워하는 해바라기
#아우 무소와

Technique 플로랄폼 Floral foam

06

모카라 오키드 센터피스
MOKARA ORCHID CENTERPIECE

06

MOKARA ORCHID CENTERPIECE
모카라 오키드 센터피스

호텔 플로리스트로 일하던 시절 가장 많이, 자주 사용했던 소재는 서양란 종류였다.
반다, 모카라, 심비디움, 온시디움, 호접 등 컬러도 다양할 뿐 아니라 수명도 좋았다.
이것저것 섞지 않아도 효과적이라 작은 병에 양난 한줄기
폴리지 한 종류 정도만 넣어도 센터피스가 뚝딱 완성된다.
호텔의 꽃 작업은 대체적으로 많은 수량을 반복적으로 작업하기 때문에
아무래도 효율적인 소재들을 효과적으로 쓸 수밖에 없다.
지금도 그런 작업이 필요할 때면 주저 없이 서양란을 활용한다.

특히나 모카라는 비비드한 컬러에 고른 볼륨감과 높낮이로 초보자나 입문자들도
어렵지 않게 작업할 수 있으며, 어울리는 화병에 모카라만 꽂아도 근사한 센터피스로 손색이 없다.

Material

모카라
곱슬버들

Comment

1 조금 더 완성도 있는 느낌을 주고 싶다면 과하지 않은 폴리지를 한 종류쯤 섞어도 좋다.

2 곱슬버들, 크로코스미아열매(이끼시아열매), 베어그라스나, 스틸그라스 같은 그라스종류 등을 추가하면 멋스러워진다.

3 대부분의 양난은 수입 소재이므로 수입 소재가 통관되고 시장에 들어오는 월요일 밤 이후에 사입할 수 있다.

4 수입 소재라 양이 한정되어 주말쯤 가면 품절된 경우가 많으니 미리 예약하거나 수요일까지는 구매하는 것이 좋다.

#화이트데이, 잊지말아야 할 그녀
#바로 엄마
#센수쟁이 자제분들이 바로 조셉 고객입니다

Technique 핸드타이드 Hand-tied

07

하트리스
HEART-SHAPED ARRANGEMENT

07
HEART-SHAPED ARRANGEMENT
하트리스

하트리스라고 많이들 부르는데 리스는 가운데가 뚫려있는 형태의 디자인을 지칭하니 하트 센터피스라고 부르는게 더 적절하지 싶다. 가운데가 뚫려있는 하트는 하트리스 혹은 Open Heart 라 부를 수 있겠다.

사람 사는 모습은 어디나 비슷하듯, 영국도 우리와 마찬가지로 인간의 통과의례가 꽃을 많이 사용하게 되는 이벤트이다. 그래서 직업교육으로써의 플로리스트 훈련을 받게 될 때 반드시 공부하는 것이 장례 Symphathy Tribute 와 웨딩 Bridal Flower 이다.

아주 한국적인 상식으로 웨딩에 하트는 어울린다 싶었던 반면, 장례에 웬 하트인가 싶었는데 하트는 결혼식의 신부를 위한 선물로 사용될 뿐만 아니라 장례식에도 흔히 쓰이는 근조화였다.

반드시 화이트 컬러의 꽃일 필요도 없고 고인이 좋아했던 컬러나 좋아했던 꽃으로 만들기도 했다.

문득 "우리도 3D 복사기로 찍어낸듯한 근조화환 말고 다양한 조화를 즐길 수 있다면 어떨까?" 하는 생각이 든다. 성균관 유림들께서 들으시면 괭이 들고 쫓아오실지도 모르겠지만

하트리스는 하트라는 이름이 주는 이미지 때문인지 우리나라에서는 발렌타인데이나 화이트데이 꽃선물, 프로포즈 이벤트의 하이라이트로 자주 만들게 된다. 어버이날이나 스승의 날엔 카네이션을 믹스해 시즌 상품으로도 인기가 좋다. 심장의 모양을 닮은 하트, 어쩌면 가장 직접적인 마음의 표현일 수도

이모티콘 하트만 날리지 말고 가끔은 꽃 하트도 날려보자

#화형을 이용, 아웃라인 만들기!
#삼복더위만큼 뜨거운 심장,
#절절 끓어
#Heart shaped arrangement

Technique Pave

Material

Comment

1 모양이 명확하게 정해진 디자인 (예 : 하트리스, 플라워박스, 햇박스, 이니셜플라워 등등)은 바깥 라인을 먼저 시작해 셰입을 만들고 내부를 채워가는 방식으로 해야 작업이 편하다.

2 그린소재는 너무 길거나 면적이 넓지 않은 아이비나 피토스포럼 정도면 적당하고 굳이 사용하지 않아도 나쁘지 않다.

3 화형이 변화가 적은 소재들을 사용하면 좋다.

4 모서리 부분의 꽃들은 바닥에 닿지 않게 한다. 화형이 눌러 보이기 쉽다.

Material

장미, 미니장미, 옥스포드, 심비디움, 스키미아, 아이비

08
TABLE POSY
테이블 포지

처음 꽃을 배울 때, 목표는 단 하나, 무조건 이쁘게였다. 만들고 난 그 순간에만 이쁘면 장땡이라는 꽃 근시近視 시절이었으니까. 어떻게든 멋을 부려 근사하게 보이려고 갖은 애를 쓴다. 까지지도 않는 종류의 장미를 뒤집어 까재끼고, 물색없이 눈만 높아 수입 꽃만 사재끼고....

'플로랄 폼은 락스를 적당히 풀어 적셨는지'

'배송은 어느 정도나 걸리는지'

'고객의 공간에서 4-5일쯤은 버텨줄 소재인지'가 이제는 가장 먼저 신경 쓰게 되는 포인트다.

처음엔 '조셉 선생님! 꽃 너무 이뻐요'에 우쭐했다면 지금은 '선생님 꽃은 오래 볼 수 있어요'에 뿌듯하다. 물론 이쁘고 오래가기까지 하면 금상첨화

기초를 탄탄히 하고 필요한 시간을 할애하고(만 시간의 법칙은 정말 진리다) 시행착오를 겪어내면 흔히 내공이라는 선물이 온다.

10센티짜리 기본화기에 장미만 골라 꽂은 로즈 센터피스는 기본 테크닉으로 만든 가장 기본적인, 이태리 식당으로 치자면 봉골레 파스타 같은 디자인이다.

플로랄 폼 세팅의 밑 작업부터 장미라는 흔하디 흔한 소재와 방사형 꽃꽂이의 기본까지, 가볍게 보면 안 된다. 기본적인 테이블 센터피스지만 플로리스트의 가장 기본적인 어레인지에서 그들의 기초체력을 볼 수 있다.

다른 선수들이 고난도 기술을 익히려고 용을 쓸 때 기본 점프만 끊임없이 연습한다는 김연아 선수의 다큐를 보며, 적어도 나의 애정 하는 수강생분들과 제자분들은 소트니코바가 아니라 김연아 이길 소망해 본다.

Material

장미
미니장미
크리스마스로즈
스위트피
레몬트리

Comment

1 화기와 어레인지의 비율은 1 : 0.8 ~ 1.5 정도로 한다. 물론 더 크게 만들어도 상관없지만 지극히 조셉스러운 취향이다. 디자이너만의 비율을 찾아가자.

2 화기의 모서리 부분은 그린이나 꽃으로 살짝 가려준다. 모서리는 대체적으로 날카로워 보이기 쉬우니 되도록 보이지 않게 마무리해 주자. 꽃바구니도 마찬가지

3 이미지처럼 다양한 소재를 사용할 필요는 없다, 꽃린이라면 한 두 종류의 장미나 소재로 충분히 연습할 수 있다.

09

롱앤로우 센터피스
LONG & LOW CENTERPIECE

09
LONG & LOW CENTERPIECE
롱앤로우 센터피스

플로리스트로써 센터피스를 만들며 가장 많이 사용하는 디자인은
어쩌면 돔 디자인과 롱앤로우 디자인일 듯하다.
캐주얼하게 쓰이기 좋은 돔 디자인은 개인고객들을 위한 상품을 만들 때,
롱앤로우 디자인은 회사나 기업을 위한 세미나, 컨퍼런스 등등의 이벤트용 플라워 제작에 유용하니,
이 두 가지 디자인은 기계적으로 만들 수 있을 만큼 연습하길 바란다.

예전 영어회화 수업 교수님께서 항상 강조했던 'automatically 하게', 'technically 하게' 는
당시 재밌어서 따라하곤 했었는데, 꽃선생이 되어 창업반을 진행하며 자주 사용하는 표현이 되었다.

"중요한 디자인은 모다? 오로매리컬뤼하게, 테크니컬뤼하게 만들 것"

롱앤로우 디자인은 정면에서 볼 때 포지 스타일의 어레인지보다 커 보이고
직사각 테이블을 많이 사용하는 회사나 기업체의 행사에도 적합하다.
상업적 쓰임새가 많은 디자인이니 취창업을 꿈꾸는 플로리스트라면
무조건 오로매리컬뤼하게, 테크니컬뤼하게 연습해 둘 것!

Material

장미
수국
핀쿠션
아마릴리스
호박
심비디움
리시안서스
천일홍
브루니아
유칼립투스

Comment

1 롱앤로우 디자인은 어레인지의 중심을 너무 높게 하면 얼핏 돔 디자인처럼 보일 수 있으니 가운데를 조금 낮추거나, 평평하게 해도 좋다.

2 위에 본 롱앤로우 센터피스는 바게트 모양이면 적당하다. 모카빵 모양이 되지 않게 주의할 것!

3 인커버링 디자인에서 한번 언급했던 내용인데, 과일이나 채소를 사용 할 때는 무르지 않고 적당히 하드한 것으로 고른다.

Technique Floral Foam

10

작약 꽃병
PEONY VASE

10
PEONY VASE
작약 꽃병

봄은 꽃이고 꽃은 봄인지 봄에는 꽃집이 슬슬 바빠지는 때이다. 봄이 꽃의 계절임은 반박할 수가 없지만 개인적으로 나는 늦은 봄이나 이른 여름에 대한 기대가 더 큰 편인데 그건 바로 작약을 만날 수 있기 때문이다.

어느 순간 홀연히 나타나 화려하고 풍성한 자태를 뽐내다 사라지는 작약peony은 항상 아쉽다. 매년 2~3개월은 충분히 볼 수 있는데도 아쉽다. 밀당의 고수인 작약은 화형이 워낙 크고 화려한 데다 영국의 대표적인 향기 브랜드 조말론이 매출로 입증한 피오니 향은 아름다운 덤이다.

작약은 사실 한약재로 불리는 한자이름이고 함박꽃이라는 이쁜 우리말 이름도 있으니 자주 사용해 주면 좋겠다.

개인적으로 작약은 동서양의 느낌을 모두 가지고 있는 소재라 생각하는데, 달항아리나 저그에 담아도 나름의 매력에 경배하게 된다.

여름이 길었으면 좋겠다. 함박꽃과 오래 함께할 수 있게, 그러면 금세 지겨우려나?

아무튼 회자정리會者定離

Material
작약
장미
스위트피

Comment
1. 작약의 계절엔 다양한 종류를 만날 수 있는데 소품을 제작할 때는 얼굴이 너무 크지 않은 소재로 준비한다.
2. 화형에 비해 줄기는 가늘어 출렁거리기 쉬우니 핸드타이드로 잡아 가볍게 묶어주면 좋다.
3. 화병은 입구가 좁고 본체는 넓은 걸 사용하면 좀 더 수월한 어레인지가 가능하다.
4. 상온보다는 저온에서(꽃 냉장고에서) 피우면 균일하게 핀 화형을 볼 수 있다.

Technique Hand-tied

11

큐브 센터피스
CUBE CENTERPIECE

11
CUBE CENTERPIECE
큐브 센터피스

매일 컬러를 사용하는 플로리스트인 내가 가장 많이 듣는 질문 중 하나가 있다. '가장 좋아하는 꽃 컬러는 뭐예요?'라고 물어 오면 난 주저 없이 화답한다. "무조건 화이트그린"

꽃 공부하던 꽃린이 시절부터 취향은 한결같았는지, 나중에 창업을 하면 화이트그린만 취급하는 라벨을 만들고 싶은 지경이었다. 수익과는 전혀 상관없는 철저하게 나만을 위한 꽃집이 되었겠지만 말이다.

컬러 속에 묻혀 사는 직업군이라 그런 건지, 깨끗한 화이트와 그린 소재들은 나에게 마치 캔버스와 같다. 어떤 컬러와도 어울리며 어떤 컬러도 돋보이게 할 수 있는 베이스 컬러!

나란 인간도 화이트그린 같은 사람이면 참 좋겠다.

도드라지는 액센트같은 존재 말고 어우러지기에 어렵지 않은 나, 독야청청 나 홀로 빛나리라 보다는 소소한 군락 속에서 내가 좋아하는 사람들과 함께 살아가는 나, 나의 꽃도 그럼 더할 나위 없이 좋겠다. 주방이든 거실이든 어디에 두어도 편안한 그런 꽃, 과유불급過猶不及이라는 사자성어가 어울리는

꽃꽂이도 그렇다. 그런 꽃 작품을 발견하게 될 때 입꼬리가 올라가는 걸 보면 난 천상 꽃집 아저씨인가 보다. 십수 년 꽃 훈련 조교로서 나의 고객들과 수강생들을 훈련시킨 덕분인지 화이트그린 꽃을 보고 '누가 죽었냐'라고 하는 무신경한 예전의 고객들은 이제 만날 수가 없다. 귀농하거나 은퇴했나 보다.

그래서인지 화이트그린 꽃은 요즘 자주 품절이다.

Technique Floral Foam

Material

수국
장미
작약
헬리보어
스카비오사 옥스퍼드
스키미아
에린지움
레몬트리

Comment

1. 사각 화기(cube / tank)는 모던한 느낌을 만들어준다. 남성을 위한 꽃 선물이거나 마성적인 브랜드의 행사에 어울린다.

2. 자칫 화기의 라인을 따라 꽂다 보면 포지(Posy)의 모양이 아닌 사각처럼 보일 수 있으니 주의한다.

3. 화이트 컬러의 소재들은 조금만 상처가 나도 더욱 도드라져 보이기 쉽다. 상처 없는 소재로 사입하고 컨디셔닝 때도 얼굴이 덜 부딪히도록 신경 쓰자.

12

메이슨 자 센터피스
MASON JAR CENTERPIECE

12
MASON JAR CENTERPIECE
메이슨 자 센터피스

격식을 차리지 않아도 되는 캐주얼한 테이블을 위한 꽃 장식이 필요하다면 주방을 둘러보자.
물을 담을 수 있는 그 어떤 것이라면 모두 근사한 화병으로 변신할 수 있다.

잘 씻어 보관했던 컬러가 예쁜 음료수 병,
테이블 미니 화기로 좋은 쨈이나 올리브가 담겼던 유리병,
버리기 아까운 이가 나간 수입 찻잔들 "버리지 마세요, 꽃들에게 양보하세요."

나의 찬장에도 설거지하다 해 먹은 로얄코펜하겐과 노리다케 찻잔이
꽃병 대신 대기 중인데 화보나 잡지 촬영 소품으로 맹활약 중이다.
친구들과의 티 테이블에, 가벼운 점심 초대상에, 소박하지만 센스 있는 액세서리가 된다.

손잡이까지 달려있고 다양한 사이즈로 구매가 가능한 메이슨 자 $^{Mason\ Jar}$ 는
가벼운 테이블 센터피스를 만들기에 참 좋다. 크지 않은 사이즈 덕분에 꽃을 많이 사용해야 하는
부담감도 없고 돌아가는 손님들에게 선물로 방생하기에도 더할 나위 없는 아이템이다.
가끔 이런 생활 속의 지혜, 스타일의 컨테이너를 만나면 취미반 클래스에 활용하기도 하고
쓰다 남은 자투리 꽃과 소재들을 아무 생각 없이 꽂아두기도 한다.
심지어 그걸 구매해가기도 하니 '이게 무슨 일이고...'
아껴야 잘 산다.

Material

장미
미니장미 플럭스
블루스타
천일홍
유칼립투스(파블로)

Comment

1 테이프로 그리딩한 마무리 부분이나 뚜껑이 물리는 스크루 부분이 보여 신경 쓰인다면 리본으로 가려도 좋다.

2 얼굴이 명확한 소재(Core)보다 잔잔한 소재(non-core)들을 사용하면 화려하진 않지만 자연스러운 느낌을 만들 수 있다.

3 여러 가지 소재를 한군데 믹스해 어레인지 해도 좋지만 소재별로 나누어 각각의 병에 한 종류씩 나누어 꽂아도 근사한 센터피스가 된다.

13

목화 센터피스
COTTON CENTERPIECE

13
COTTON CENTERPIECE
목화 센터피스

어느 해인가 드라마에 소품으로 등장한 덕에 목화가 때아닌 유행을 한 적이 있다.
목화는 드라이플라워라 나에게는 그다지 매력적인 소재는 아니었지만
디자인에 있어 가장 중요한 고객의 선택과 요청은 플로리스트에게 좋은 과제가 되기에
그당시 목화를 이용한 상품디자인을 하며 목화와 친해지기까지 했다.

영국의 꽃 선생님께서 했던 질문이 아직도 기억난다.
'어떤 플라워디자인이 잘 만들어진 디자인일까?'라는 질문에 각자 여러 가지 대답을 했었다.
구성이며 라인이며 소재며 컬러가 어떻고 등등 당연히 아주 원론적인 대답이었던 기억이 난다.
학생들의 의견을 다 듣고 난 선생님의 대답은 참 단순하고 명쾌했다.

'고객이 원하는 디자인!'

그렇다! 플로리스트는 자신을 위해 꽃을 만드는 사람이 아니니, 고객이 좋아하는 꽃을 만들어주면 가장 만족도가 높을 것이고, 내가 개인적으로 좋아하지 않는 건 그저 내 사정일 뿐인 거다.
그 해 나는 드라마와 고객들 덕에 목화를 공부할 수 있다.

'어떻게 디자인하면 더 우아해 보일까?' '남들과 다른 디자인일까?'
'드라이플라워처럼 보이지 않을까?'

덕분에 매년 겨울이면 조셉의 목화 센터피스는 여전히 사랑받는 아이템이 되었다.

Technique Floral Foam

Material

목화
더글러스
블루아이스
느티나무 가지

Comment

1 전나무나 구상나무 등 크리스마스 잎 소재와 함께 어레인지 하면 크리스마스 시즌 내내 즐길 수 있는 센터피스를 완성할 수 있다.

2 유칼립투스 같은 드라이가 가능한 소재들과 믹스하면 시즌과 상관없는 센터피스로 어울리는 디자인을 할 수 있으며 인테리어 소품으로 활용해도 좋은 결과물을 얻을 수 있다.

3 줄기가 굵고 아주 하드한 편이라 라인을 잡기가 어려운 소재 중 하나이니 충분히 연습해 두자.

14

언 센터피스
URN CENTERPIECE

14
URN CENTERPIECE
언 센터피스

얼마 전부터 올드머니 룩이니 스타일이니 하는 말들이 들린다. 또 무언가가 유행하나 보다. 들여다봤더니 그냥 클래식이다.

내가 일했던 영국은 계급사회였다. AI가 생겨나 기가 막힌 소설도 써재끼는 이 시국에 무슨 시대착오적인 이야기냐고 하겠지만 사실이다. 왕족과 귀족이 여전히 그들만의 리그 안에서 아닌척하며 살고 있다. 영국인 매니저가 했던 이야기가 생각난다. 나는 단순히 왕족이나 귀족을 우리의 부자들 쯤으로 생각했는데, 데이빗 베컴이 아무리 부자가 된다 한들 그들의 클래스(계급)에는 들어갈 수 없단다. 그냥 돈이 많은 운동선수일 뿐이라는 거다. 귀족은 재산이 있을 수도 없을 수도 있단다. 재산의 유무와 상관없는 그야말로 신분이라는 이야기였다. 신선했다. 몇백 년을 관통해 내려온 그들의 라이프 스타일은 음식, 주거, 의상, 정원, 심지어 꽃까지 생활 전반에 영향을 끼친 셈이다.

그러고 보면 나는 항상 클래식한 그 무언가가 좋았다. 시간이 지나 다시 꺼내보아도 좋은 그런 것들에 매력을 느꼈다. 영국의 꽃을 처음 만났을 때도 그랬다. 비록 책이었지만 그들의 기본적이고 자연적인 플라워 디자인은 보고 또 봐도 지루하지 않았다. 마치 비틀즈의 노래들처럼

언^{Urn} 화기는 클래식한 센터피스를 만들 때 제격이다. 사실 Amphora(암포라, 양 손잡이가 달리고 목인 좁은 큰 항아리)와 Urn(같은 형태이나 손잡이가 없는)으로 구분해야 맞긴 하지만 한국에서는 일반적으로 Urn으로 통칭한다.

테이블에 어울리는 미니 사이즈부터 대문 앞에 두는 대형 사이즈까지 다양한 크기로 활용 가능하며 소재 또한 도자기부터 목재, 금속까지 다양하다. 그래서 클래식한 느낌의 디자인을 의뢰받으면 주저 없이 언을 집어 든다.

플라워디자인의 올드머니 룩이니까

Technique Floral Foam

Material

수국
작약
장미
미니장미
스위트피
옥스퍼드
레몬트리
유칼립투스

Comment

1. 도기나 유리는 크게 상관이 없지만 금속이나 FRP 같은 재질로 된 화기는 방수 처리에 신경 써야 한다, 그렇지 않을 경우 물이 새어 나오기 쉽다.

2. 영국적인 느낌을 만들고 싶다면 다양한 그린 소재를 사용해보자. 디자인이 훨씬 더 편안해보일수 있다. 2~4 가지 정도의 질감이 다른 그린 소재면 좋다.

15
_____

투명볼 부케
BOUQUET IN FISHBOWL

15
BOUQUET IN FISHBOWL
투명볼 부케

스파이럴 기법 Spiral effect 으로 핸드타이드를 만들었을 때 바인딩 포인트 아랫부분의 줄기들이 방사형으로 퍼지게 된다. 그래서 포장을 하거나 화병에 담을 때 구조적인 특성을 생각하고 작업을 해야 한다. 벌어진 아래의 줄기들이 방해받지 않아야 원래의 셰입shape을 그대로 유지할 수 있는데 그런 까닭으로 좁고 긴 화기들은 핸드타이드의 화병으로 맞지 않을 때가 많다. 그래서 피시볼이 꽃다발과 가장 잘 어울리는 화병이라고 학교에서 배우며 많은 책들에도 설명되어 있다.

꼭 피시볼일 필요 없이 바인딩 포인트 아래의 벌어진 줄기들을 인위적으로 누르지 않는 모양의 화병이면 어느 것이든 상관이 없다. 달항아리 처럼 병목이나 입구보다 본체가 둥글도 넓은 화기라면 말이다.

우리나라에서 로즈볼이라고도 불리는 fishbowl(어항모양의 화병)은 핸드타이드를 담는 컨테이너로 가장 적당하며 둥글고 편안한 모양으로 부드럽거나 로맨틱한 분위기가 필요한 스타일링에 자주 사용된다.

앞서 이야기한 것처럼 투명한 화병을 날것 그대로 노출하는 건 꽃 매너가 아니니 가볍게 줄호엽이나 엽란이라도 둘러주는 센스를 잊지 말자. 인커버링에 사용한 줄호엽을 메인 어레인지에도 사용하니 내가 좋아하는 자연스러운 깔맞춤이 완성된다.

우스갯소리 삼아 깔맞춤이라고는 했지만 사실 그건 디자인에 있어서 통일감이라 생각한다. 그 통일감은 소재를 통해서도 혹은 컬러나 부자재를 통해서도 얻을 수 있다.

남북통일만 급한 일이 아니다. 클래식한 디자인을 좋아하는 플로리스트라면 '통일감'을 먼저 생각해 봐야 할 일이다.

#피시볼 연출하기
#Fishball 아니에요
#fishbowl 입니다
#Fishball 은 오뎅

Technique 핸드타이드 hand-tied

Material

스노우볼
퐁퐁소국
블러싱브라이드
장미
미니장미
부바르디아
줄호엽

Comment

1 수국을 사용해야 하는 센터피스라면 수국의 사이즈를 조금 더 신경 쓴다. 전체 어레인지의 1/3 ~ 1/4정도 사이즈의 수국을 찾아 쓰는 편이다. 너무 큰 수국은 전체의 밸런스를 깨는 경우가 대부분이다

2 여러 개의 수국으로 핸드타이드를 잡는 경우, 대체적으로 수국이 바깥 라인으로 빠지게 되니 의도적으로라도 수국의 위치를 조정해 가며 어레인지 한다.

16

히야신스 센터피스
HYACINTH CENTERPIECE

16
HYACINTH CENTERPIECE
히야신스 센터피스

유색 화기를 쓰니 그 얼마나 깔끔한가
수면 아래의 줄기 방향들이 가지런한지 물이 뿌옇지는 않은지
화병의 내부를 가려야 할지 말지 신경 쓸 일이 없으니 말이다.

피시볼은 핸드타이드와 가장 잘 어울리는 화기이기는 하지만 피시볼의 사이즈가 작아지면
꽃들이 뒤뚱거리기 쉽다. 그럴 때는 플로랄 폼이나 치킨 와이어를 쓰기도 하는데
오늘 소재 중에 히야신스는 플로랄 폼이나 치킨 와이어에 작업하기가 아주 고약하다.
무게중심$^{actual\ balance}$과 비율^{portion}에 신경 쓰면서 핸드타이드하는 편이 좋다.

히야신스는 풍부한 향기와 독특한 화형이 매력적이지만
얼굴이 무겁고 줄기가 굵어 다루기 어려운 소재이고
사용할 때마다 이걸 왜 또 사가지고 이 고생을 하나 싶지만
그런 플로리스트의 얄궂은 맘을 아는지
히야신스는 거부할 수 없는 향기로 오늘도 우리에게 최면을 건다.

Material

히야신스
장미
작약
스위트피
스키미아
레몬트리
로즈마리

Comment

1 구근식물을 절화로 쓸 때 구근 부분은 잘라내고 쓰는 것이 물올림에 좋다.

2 히야신스는 얼굴이 무거워 전체 디자인 바깥이나 아래로 빠지기 쉬우니 어레인지의
    50~60도쯤에 자리를 잡아주는 편이 작업하기 수월하다. 핸드타이드, 센터피스 동일하다

Technique hand-tied

17

골드화기 센터피스
GOLD VASE CENTERPIECE

17
GOLD VASE CENTERPIECE
골드화기 센터피스

꽃을 처음 다루게 되면 소재에 집중하게 된다. 물론 소재는 플로리스트에게 가장 중요한 자산이다. 더 예쁘고 더 신선한 소재를 선점하고 사입, 관리까지 정말 보통 일이 아니다. 어쩌면 이런 부분 때문에 플로리스트가 쉽지 않은 직업이라고 할지도 모르겠다. 다람쥐 쳇바퀴 돌 듯 그야말로 매일 해야 하는 일이니까.

그럼 한 번에 잔뜩 사다 놓으면 될 일 아닌가. 우리에겐 꽃 냉장고가 있으니까?

아니, 꽃 냉장고가 만사형통은 아니니 맹신하지 말자. 게으른 플로리스트가 되기 쉬워진다.

'자주, 조금씩'이 꽃 사입의 원칙인 꽃집이면 좋겠다. 냉장고를 맹신하다 보면 묵은 꽃이 생기게 되고 분명 그런 꽃은 고객에게 전달되었을 때 유통기한이 줄어들 것이다. 그럼 고객은 꽃은 그저 금방 시드는 예쁜 쓰레기쯤으로 여기게 되고, 꽃집으로 향하는 발걸음이 케이크집으로 향하게 되겠지.

영국 꽃 학교의 할머니 교수님의 말씀이 생각난다. '플로리스트는 꽃을 아름답게 디자인하기도 해야 하지만 고객이 최대한 오래 즐길 수 있는 방법을 알아야 한다!' 그래서일까 예전에는 '쌤 꽃은 이뻐요'가 참 듣기 좋았는데 지금은 '쌤 꽃은 오래 볼 수 있어서 좋아요'가 더 큰 칭찬으로 들린다.

Material

장미
미니장미
심비디움 실키
화이트스타
조팝나무
레몬트리

Comment

1 똑같은 소재와 디자인을 다양한 화병에 담아보자. 골드색 화기는 자칫 촌스러워 보이기 쉽지만 고급스럽고 화려한 느낌을 만들 수도 있다.

2 메탈 소재의 화기는 물과 닿으면 녹슬거나 부식하기 쉬우니 바스켓처럼 방수처리하고 사용하는 편이다.

3 피치톤과 크림톤의 컬러는 호불호가 적은 조합이라 고객들의 반응이 항상 좋은 편이다. 여기저기 쓰기 좋은 컬러이니 충분히 관찰하고 연습해두자.

Technique Floral Foam

18

화이트그린 베이스
WHITE-GREEN VASE

18
WHITE-GREEN VASE
화이트그린 베이스

많은 이들이 이야기한다. 어쩌면 그들의 선입견일 수도 있겠지만, 영국의 꽃 디자인은 대체적으로 깔끔하고 정형화 되어있고 블라블라블라, 선무당이 사람 잡는다고 다 우리들이 밖에서 떠드는 이야기일 뿐 런던에서 활동하는 플로리스트들은 영국스타일, 프렌치스타일, 저먼스타일을 구분하지도 구분할 줄도 모른다.

아주 예전 한국에서 프렌치스타일의 꽃이 대유행을 할 때, 심지어 꽃집 이름에 십중팔구 플뢰르가 들어가던 시절, 영국 플로리스트에게 프렌치스타일을 운운하다 되려 그게 무슨 스타일이냐고 그런 게 있냐고 나에게 되물은 적이 있다.

맞다. 꽃은 고객의 눈에 이쁘면 그만인 것을, 우리는 왜 무리를 지어 이게 최고 아니 저게 원조를 부르짖는 걸까? 족발집도 아니고,

넓은 시선으로 꽃을 보자 백인백색 아니겠는가

그럼에도 불구하고 내가 생각하는 영국플라워디자인의 특징을 감히 이야기해 보자면 일단 공간 친화적이다. 워낙 생활 속의 꽃 장식이 체득된 사람들이라 꽃은 그들의 백그라운드 어느 곳이나 있다. 그들의 거실, 식탁, 협탁 그 어딘가의 공간에 자연스럽게 어우러져 있었다.

작품이라는 느낌보다는 우리 집의 인테리어 소품처럼, 인위적으로 자연스러움을 만들지 않고 자연스러운 소재들을 사용해 소재 자체의 매력을 즐길 수 있도록 하는 것 또한 영국 플라워디자인의 특징인 듯하다.

영국의 꽃 선생님께서 수업 중 집 앞 마당의 소박한 화단을 고대로 가져다 놓은 것처럼 만들어보라는 팁을 주셨던 기억이 난다.

폴리지(foliage)의 풍부한 사용, 제철에 나는 꽃들, 이 정도만으로도 충분하다.

#베이직반 화병디자인
#그리딩 활용하기
#기초를 탄탄히

Technique Chicken Wire

Material

칼라릴리
장미
미니장미
부바르디아
스카비오사
잎설유

Comment

1 폴리지를 2~3가지 사용할 때는 라인의 길이가 다르거나 질감이나 톤을 다르게 쓰면 재미 있다. 비슷한 느낌의 잎 소재는 단조로워 보일 수 있다

2 마무리는 버터플라이효과로

3 Butterfly Effect는 기상학에서 유래한 용어지만 영국 플로리스트들이 자주 사용하기도 했다. 어레인지의 마무리는 마치 벌이나 나비가 날아든 것 같은 분위기를 연출하는데 스 카비오사, 옥스퍼드, 디디스커스 등을 사용할 수 있다.

19

안개꽃 센터피스
GYPSOPHILA CENTERPIECE

19
GYPSOPHILA CENTERPIECE
안개꽃 센터피스

안개꽃에 관한 단상

어느 날 어떤 청년이 여자 친구가 안개꽃을 너무 좋아한다는 멘트와 함께 안개꽃을 찾았다. 안개꽃을 매장에 가져다 놓은 적이 없는 나는 아주 잠깐 고민을 했다. '취급하지 않는다'고 해야 하나? '다른 꽃으로 추천'을 해야 하나? 찰나의 고민이 있었다. 그렇지만 금방 머릿속에서 '내가 아주 건방진 생각을 하고 있구나'라는 알람이 울렸다. 안개꽃을 좋아하는 여자 친구를 기쁘게 해주고픈 그의 마음을 인정하면 그뿐인 것을 나의 가당치 않은 주관과 취향대로 잘난 척을 할 뻔한 나의 얄팍한 속내가 민망스러웠다.

아주 처음 꽃을 배울 때는 그런 생각도 했었던 적이 있다. 조화는 절대 만지지 않을 거라는 둥 거베라는 쓰지 않을 거라는 둥 하면서 플로리스트 본인의 이기적인 취향을 다른 이들마저도 알아줄 거라는 그런 치기어린 생각 말이다.

꽃가위를 잡은 지 한참 된 지금은 '플로리스트는 주인공이 아냐'라는 꽤 성숙한 생각을 하고 있지만 좀 더 철이 들어야 할지도 모를 일이다. 청년이 미소 가득한 얼굴로 안개꽃을 받아 간 그날 몇 단 남아있지 않았던 안개꽃은 품절되었다.

Technique hand-tied

블루 센터피스
BLUE CENTERPIECE

20
BLUE CENTERPIECE
블루 센터피스

얼마 전부터 블루 톤의 꽃이 유행이다. 자연물로서 파란색의 꽃을 생화로 찾기는 쉽지 않다. 식물의 번식을 돕는 곤충들이 대부분의 꽃을 파란색으로 인식하기 때문에 식물 스스로 꽃을 굳이 파란색으로 진화시킬 필요가 없었다는 그럴듯한 이유도 있다.

런던에서의 첫 직장이었던 제인패커는 파란색을 거의 사용하지 않았다. 그녀는 파란 꽃을 아주 부자연스러워했다. 그 덕분에 나에게 파란 꽃은 친해질 수 없는 가까이하기엔 너무 먼 당신이었다. 그도 그럴 것이 예전의 파란색 꽃들은 대부분 색을 칠하거나 어색하게 염색한 것들이었다. 보자마자 인위적인 컬러가 입혀진 걸 알 수 있을 지경이었으니 자연스러움이랄지 우아한 맛은 없었다. 지금은 다행인지 불행인지 염료나 염색 기술의 발전으로 꽤나 자연스럽 기 까지 한 독특한 컬러의 생화를 만날 수 있다. 그럼에도 불구하고 인공적으로 색을 만들어 입힌 꽃들은 아무래도 어색하기 쉽다. 여전히 꽃 시장에서 손이 잘 안 가는 게 사실이지만 유행이라니 모른 척 외면할 수 없는 게 현실이다.

가끔 플로리스트를 대상으로 하는 강의를 하면 자주 듣게 되는 질문이 있다.

'플라워 디자인의 트렌드가 바뀌거나 유행하는 스타일이 달라질 때마다 매번 다시 공부를 하러 다녀야 할까요?'

그런 개성 없음 플러스 따라쟁이 덕택에 대한민국 꽃집의 꽃들이 천편일률인것 같아 아주 많이 아쉽다. 염색 꽃들이 유행하는 작금의 현실처럼 트렌드는 플라워디자인의 형태뿐 아니라 소재로도 나타난다. 꽃 시장에서 새로 만난 소재를 집어 드는데 주저하지 말자, 인기 있는 소재를 사용한다면 트렌드를 선도하진 않더라도 뒤처지진 않을 테니 말이다.

Technique Floral Foam

Material

(자연 컬러)
용담
에린지움
블루스타
장미
(염색 컬러)
튤립
카네이션
(잎 소재)
유칼립투스

Comment

1 처음 보거나 어색한 컬러의 염색 소재들은 컬러 레시피를 만들어 보고 어떤 베리에이션이 우리 꽃집의 분위기를 잘 반영하는지 찾아야 한다. 꽃 작업에 간접 경험이란 없다. 오로지 직접 경험을 많이 해보길 바란다.

2 개인적으로 자연에서 찾을 수 있는 블루톤의 생화를 기반으로 하고 염색 소재는 포인트로 쓰는 방법을 선호하는 편이다.

21

터지머지 센터피스
TUSSIE-MUSSIE CENTERPIECE

21
TUSSIE-MUSSIE CENTERPIECE
터지머지 센터피스

영국의 플라워 디자인이 좋다는 그 이유 하나로 결심한 런던행은 어쩌면 무모한 꿈만 가득한 젊은 이의 대책없는 도전이었을까? 다짜고짜 꽃 수업에 들어간 나는 여지없이 나의 무식함을 깨달았다. 어느 수업 중 선생님께서 '오늘은 터지머지 스타일의 어레인지를 할 테다'라고 하셨는데 난생처음 들어본 용어에 당황했던 기억이 난다.

'영국의 꽃이 좋다며 어쩜 그리 막무가내로 꽃 공부를 했단 말인가?'

'어이하여 어떤 조선의 꽃 선생님들도 나에게 터지머지가 무엇인지 알려주지 않았단 말인가?(남의 탓은 일등이다) 공부를 해야 하는구나'라는 반성을 참 많이 했다.

재주가 있는 플로리스트에 더해 습작과, 관련 지식을 체득한 플로리스트가 되고 싶었다. 특히나 꽃 선생을 꿈꾸는 꽃린이라면 당부하고 싶다. 많이, 오래도록 공부하시라고

터지머지는 빅토리안 시대에 유행했던 작은 플라워 어레인지를 일컫는데, 허브와 잔잔한 소재들을 섞어 만든다. 얼굴이 명확한 소재보다는 코어core가 없는 꽃들을 사용하여 들판이나 그들의 가든에서 뜯어온 느낌의 영국적인 분위기를 만들어준다. 또한 터지머지는 소재의 의미를 담아 전달하기도 하는 플로럴 디자인의 유산 중 하나이기도 하다.

존재감 드러나는 소재 대신 소소한 그러나 우아한 꽃들을 담아본다. 부케가 될 수도, 혹은 작은 센터피스가 될 수도 있다. 만들고 보니 영국의 가든처럼 자연스럽다. 인위적으로 만들어낸 자연스러움이 아닌 소재가 주는 자연미, 영국의 플로럴 디자인의 느낌말이다.

#서울신라호텔
#여름 폴리지에, non-core 소재들만
#조셉의 고객들의 취향이 이리도 쎄련지는거
#다 제 복이라는거

Technique Floral Foam

Material

왁스플라워
아스틸베
꼬리조팝
미니장미
유칼립투스
레몬트리
그레빌리아

Comment

1 그린 소재는 허브를 사용해도 좋다

2 얼굴이 큰 소재들보다 잔잔한 필러류 들의 소재를 사용하면 터지머지의 매력이 더 살아난다.

3 너무 와일드해지거나 커지면 터지머지의 느낌이 사라지니 앙증맞은 사이즈 정도에서 마무리한다.

22

포세린 화기 센터피스
PORCELAIN VASE CENTERPIECE

22
PORCELAIN VASE CENTERPIECE
포셀린 화기 센터피스

가끔 화기를 어디서 사느냐는 질문을 받을 때가 있다. 나만이 숨겨놓고 몰래 쓰는 사이트가 있다거나 거래처가 있는 건 아니다. 혹시나 그런 곳이 있다면 나는 나의 수강생들과 공유한다.

어떤 꽃 선생님께서 수업 중에 사용한 부자재의 구입처를 알려달라는 수강생의 질문에 그건 영업 비밀이라 알려줄 수가 없다고 했단다. 물론 특별한 부자재 일 수도 있었겠지만 대부분의 부자재 시장 역시 꽃시장에 함께 있다. 조금의 발품을 들이는 노력과 정신없는 시장에서 사용할 수 있는 약간의 집중력만 있다면 그 '영업 비밀'은 금방 찾을 수 있다. 특별한 무언가를 찾는 것도 좋지만 혹시나 가성비가 떨어질 수 있으니 주변에서 쉽게 찾을 수 있는 걸로 시작해 보자.

고속터미널 꽃 시장 현대데코에서 찾은(찾았다고 하기도 민망할 만큼 그냥 거기에 있다, 수두룩) 핸드프린팅 포세린 화기는 사실 분화용이었다. 식물심기를 위해 친절히 배수 구멍까지 뚫려있는 화분이었지만 방수처리 후 사용했더니 꽤나 근사한 테이블 센터피스가 되었다. 넉넉히 사두었다가 센터피스 화기로, 신나면 호접을 심어 분위기 있는 플랜트 상품으로도 아주 잘 써먹는 나의 '영업 비밀'이다.

Material

수국
장미
히야신스
풍풍소국
스윗피
미니델피늄
옥시페탈룸
조팝나무

Comment

1 식물용 화기를 센터피스용으로 사용할 때는 방수처리에 조금 더 신경 쓰자.

2 식물용 화분 중에 생화용으로 어울릴법한 것들이 꽤 있으니 맘에 드는 것들은 센터피스용으로 활용해 보자. 나만의 시그니처를 만들기에 좋다.

Technique Floral Foam

23

어버이날 센터피스
PARENTS' DAY CENTERPIECE

23

PARENTS' DAY CENTERPIECE
어버이날 센터피스

어버이날, 스승의 날, 성년의 날까지
오월은 어쩌면 플로리스트에게 가장 바쁜 한 달 일 수도 있겠다.

창업 초창기 호기롭게 준비했던
'어버이날과 졸업식용 이벤트 프로모션'이 진상 손님을 끌어들인 미끼가 되는
아름다운 경험을 하고 나서는 이벤트 상품은 안 하기로 마음먹었다.
대신 미리 준비하고 예약하는 고객들에게 최선을 다하기로 했다.

미리 만들어 놓은 상품 없이 취향대로 요구대로 만들어 드렸다.
쉽지 않았지만 고객층이 바뀌기 시작했다.
나만의 어버이날 선물을 하고 싶은 고객들이 찾아오기 시작했고 기꺼이 지갑을 열었다.

내가 특별한 플로리스트라서 그랬을까?
아니다 그들이 특별한 것을 선물한다는 기분이 들게끔 하는 게 중요했다.
선택과 집중, 쉽지 않은 여정이었지만, 얼굴도 모르는 그대의 고객들이 지금껏 나의 고객들이다.

Material

장미
카네이션
튤립
미니장미
조팝
레몬트리
투베로사

Comment

1 카네이션은 보관만 잘하면 꽤 오랜 기간 멀쩡할 수 있다. 너무 피지 않은 몽우리 상태보다는 피기 시작한 카네이션을 고르는 편이고, 락스나 절화 연장제를 첨가한 물에 담가 저온에서 블루밍하게 둔다.

2 그라데이션 하기에 좋은 컬러의 카네이션을 사입해야 버리는게 적어진다.

Technique Floral Foam

Part

02

FLOWER BASKET

영국에서 플로리스트로 먹고살던 외노자(외국 노동자) 시절, 참 신기하게도 꽃바구니를 만들 일이 많지 않았다. 런던 제인 패커에서 근무하던 당시 시그니처 햇박스Signature Hatbox가 있기는 했지만 우리나라의 꽃바구니와는 분위기가 전혀 다른 느낌의 플라워 기프트였고, 다른 선물과 곁들이는 햄퍼 바구니hamper basket 정도가 다였던 것 같다.

그러나 한국에 오니 꽃바구니를 찾는 비율이 아주 높았다. 짐작해보건대 핸드타이드처럼 화병에 다시 꽂아야 하는 번거로움 없이 바로 두기에 좋고 예산대비 큰 사이즈를 선호하는 고객의 비율이 높은 까닭도 있는 듯하다. 화병이나 화기 디자인은 아무래도 비용 대비 사이즈가 작아지거나 무거워지기도 하니 말이다

아무튼 우리나라 플로리스트에게 바구니는 어쩌면 핸드타이드만큼이나 가장 자주 만들게 되고 또 잘해야 하는 디자인임에는 틀림이 없다.

꽃바구니는 라탄이나 왕골 등으로 만들어진 경우가 대부분이고, 이런 재료들은 전원적이기는 하나 자칫 촌스러워질 수 있으니 바구니를 만들 때는 조금 더 소재의 선택에 주의하는 편이다.

소쿠리에 시선이 가지 않도록 밋밋한 디자인에 액센트나 포인트가 되어주는 소재를 찾도록 하자. 그런 소재들을 찾아 나의 디자인으로 만들면 플로리스트의 시그니처가 생겨난다.

이 집 저 집 다 똑같은 디자인이나 같은 학원에서 배운듯한 디자인 말고 각자의 아이덴티티Identity가 있는, 반드시 그 플로리스트를 찾아가게 하는 이유가 있는 그런 디자인을 추구하는 꽃쟁이Florist들이 많았으면 좋겠다.

24

기본 핸들 바구니
BASIC HANDLE BASKET

24
BASIC HANDLE BASKET
기본 핸들 바구니

손잡이가 있는 바구니는 기본적으로 핸들이 사용가능하도록 제작하는게 좋다. 이동할 때 들고 가기 편하다는 이유로 꽃바구니를 선호하는 고객들도 꽤 있는데 특별한 요청사항 없이 바구니를 주문할 때는 일반적으로 손잡이가 있는 바구니를 떠올리기 때문이다.

손잡이 주변을 어레인지 하기 어렵다고 하는 분들이 있는데 손잡이 아래나 뒤로는 포컬포인트를 배치하지 말고 대신 필러나 꾸밈용 소재들로 대체한다.

바구니는 대체적으로 가로로 긴 형태가 많은데 가운데를 돔의 형태처럼 높이면 조금 올드해보기 쉬우니 센터는 조금 낮추고 어깨부분을 조금 높여 풍성하게 표현한다(좌우 어깨부분이 낮아지면 왜소해 보이기 쉽다).

바구니는 라탄이나 왕골 등이 많이 사용되는데 조직이 성글기 때문에 화병처럼 완전한 방수가 어려우니 플로랄 폼 방수와 같은 밑작업을 야무지게 해야 한다.

바구니의 꽃은 멋들어지게 꽂아놓고는 바구니 아래로 물이 줄줄 새는 참사를 자주 본다.

Material

카네이션
호접
작약
아스틸베
스카비오사
레몬트리
피토스포럼
조팝

Comment

1 밑작업은 시간을 들여 제대로 배우길 바란다.

2 요리로 치자면 재료를 다듬고 손질하는 과정이며 건너뛸 수도 없고 그래서도 안 된다. 재료손질도 안되는데 플레이팅부터 하는 격이다.

Technique Floral Foam

25

핸들리스 원통 바구니
HANDLELESS CYLINDRICAL BASKET

25
HANDLELESS CYLINDRICAL BASKET
핸들리스 원통 바구니

바스켓이나 화병을 사야 할 때 나는 생화 시장의 부자재 업체보다는 소품이 있는 조화 시장 쪽이나 온라인의 소품 몰을 둘러본다. 물론 좁아터진 한국 꽃 시장에서 생화나 조화 시장이나 거기가 거기겠다만 남들도 다 가져다 쓰는 자재들 말고 조금은 희소성이 있는 것들을 발견하게 되는 때가 있기 때문이다.

이 바구니는 사실 플라워 어레인지 용이 아닌 수납이 가능한 실제 바구니의 용도로 나온 제품이었다. 일반 바구니 보다 3~5배 정도는 비싸 망설여지기는 했지만 리얼 핸드메이드 라탄이라 단단하고 고급스러워 보였다. 지인들은 기본 단가가 너무 비싸 바구니 가격이면 완성품 하나 사겠다고 웃으며 저렴한 바구니를 집어 들었지만 나는 서너 개를 사는 대신 라탄 바구니 하나를 사기로 했다.

단단한 바구니는 플로랄폼을 세팅해도 흔들림 없이 그 자체로 아주 좋은 수납 그릇이었다.

몇 가지 톤으로 만들었고 구매해간 고객들의 후기가 좋았다. 왜 비싼가 했더니 비싼 값을 한다면서 일반적인 꽃바구니는 시들기 무섭게 다용도실을 전전하다 내다 버려야 하는데 꽃을 다 보고 나서도 이것저것 담아두기 좋단다.

라탄 원통 바구니는 어느새 조셉 플라워의 시그니처가 되어 스타들의 선물로, 기업체 임원들의 선물로 여전히 인기가 좋다.

꽃 사입을 마치고 시간이 남으면 소품샵들을 한 바퀴 휘 둘러본다. 조셉 시그니처로 쓸만한 녀석들이 어디 숨었나 싶어서...

'나만의 보물찾기'

Material

장미
미니장미
리시안서스
스키미아
옥시페탈룸
레몬트리
피토스포럼

Comment

1 돔의 형태를 만들 때 화기나 바구니의 모서리가 보이지 않도록 하는 편이다.

2 반구의 형태의 아래 모서리 부분이 날카롭지 않도록 부드럽게 마무리한다.

Material

장미, 미니장미, 리시안서스, 스키미아, 옥시페탈륨, 레몬트리, 피토스포럼

Material

장미, 미니장미, 카네이션, 튤립, 용담초, 옥시페탈륨, 레몬트리, 영춘화

Technique　Floral Foam

#쓸만한 녀석들이
#어디어디 숨었나
#나만의 보물찾기

햇박스
HAT BOX

26
HAT BOX
햇박스

영국에 있을 때 보니 영국인들은 격식을 차리는 자리에 모자를 착용하는 일이 많더라. 당연히 모자를 운반할 때 쓰는 햇박스라는 우리에겐 낯선 물건도 있다. 나중에 알게 된 사실인데 우리가 알고 있는 대부분의 명품 브랜드들도 햇 박스를 생산하고 있었다. 그만큼 그들에게는 모자 사랑 나라사랑인 셈이다. 사실 많은 이들이 햇 박스 디자인을 제인 패커의 시그니처로 알고 있지만 예전부터 영국의 플로리스트들은 햇 박스를 활용하여 바구니처럼 꽃을 담거나 부케를 담는 용도로 사용하기도 했다. 아직도 어떤 플로리스트샵에서는 꽃다발을 주문하면 커다란 햇 박스에 넣어 주기도 한다. 마치 우리들이 쓰는 쇼핑백처럼 말이다.

제인 패커는 실제 모자가 들어가는 커다란 햇박스를 쁘띠한 사이즈로 줄이고 살짝 열린 뚜껑 사이로 꽃들이 배시시 웃으며 터져 나오는 듯한 디자인으로 모던하게 해석해 플라워 러버들의 환호를 받았다. 전에 없던 새로운 걸 만들어 낸 게 아니다. 주변에 있는 무언가에 아이덴티티를 부여해 새로운 트렌드를 만든 것이다.

어느 음악평론가가 이야기했던 가수 마돈나가 떠오른다. 전 세계가 열광하는 팝스타이지만 그녀는 새로운 음악의 흐름을 만들어 내거나 창조하지는 못했다.

대신 유행하는 아이템을 그녀만의 방식으로 해석해 최고의 세션맨 들과 함께 세련된 음악을 만들어내 재생산했다고

아이디어라는 게 물론 번뜩(유레카~) 나타나기도 하겠지만 우리 주변에 있는 익숙한 것들을 다른 시선으로 보고 도전하게 하는 일은 끝없는 공부와 연습에서 만들어지는 것 같다. 출발은 늦었지만 공부와 습작으로 세계적인 브랜드가 된 대한민국의 스마트폰이나 자동차처럼 오랜 시간 꽃을 하면서 꽃과 관련한 모든 것에 익숙해지고 감사하기가 쉽지 않다. 나 역시 꼰대적인 마인드를 리프레시하고 익숙한 주변을 다시 한번 응시해 봐야지.

Technique Floral Foam

Material

장미, 미니장미, 왁스플라워

Material

장미, 미니장미, 카네이션, 반다, 에린지움

Comment

1 햇 박스는 뚜껑을 여는 정도에 따라 분위기가 달라진다. 너무 많이 열면 햇 박스가 주는 앙증맞은 느낌이 덜해지니 포컬 포인트 소재의 얼굴을 기준으로 2.5~3.5개 정도의 높이가 적당하다. 물론 이건 철저하게 조셉의 기준이므로 풍성한 게 좋다면 맘껏 충분히 열어 작업해도 좋다.

2 한 가지 종류의 소재로 같은 사이즈만 사용하면 라인들이 일자가 되거나 VOID한 부분이 생기기 쉬우니 사이즈를 2가지 이상으로 쓰면 좀 더 수월한 작업이 가능하다.

3 햇 박스나 플라워 박스처럼 한정된 공간 안에 어레인지 해야 할 때는 화형의 변화가 적은 소재가 쓰기에 적당하다. (카네이션, 국화, 거베라, 서양란 등)

4 디자인의 라인이 단순해 보여 작업이 쉬울 듯하지만 정확한 라인의 디자인이 작업자의 입장에서는 더 어려울 수 있다. 눈대중으로 보고 '아 이렇게 하면 되겠구나'가 아니라 반드시 직접 작업해 보길 바란다.

\#마음은 사이즈로 표현하세요
\#이따시만하게
\#겁나크게

27

호박 바구니
PUMPKIN BASKET

27

PUMPKIN BASKET
호박 바구니

영국의 플로리스트 폴라 프라이크Paula Pryke는 영국인들이 사랑하는 플로리스트 리스트에 제인 패커와 번갈아 가며 이름을 올린 그야말로 셀럽 플로리스트 중의 한 명이다. 모던하고 똑떨어지는 제인 패커의 디자인과는 다르게 다양한 소재와 색채를 사용하는 것으로 알려진 그녀는 채소나 과일 등을 활용해 그녀만의 아이덴티티를 만들어 내기도 했다.

꽃꽂이에 과일이나 채소를 사용할 때 당연한 이야기겠지만 너무 무른 소재를 사용하지 않는 것이 좋고 과일의 경우 시트러스(감귤류) 계열들이 적당하겠다. 이미지의 바스켓은 호박과 꽃배추를 사용해 풍요로운 느낌을 주면서 할로윈 파티에도 어울리는 센터피스가 되었다.

혹시나 파티 테이블의 센터피스를 준비한다면, 그날의 식재료 하나를 테이블 플라워에 활용해 보자. 모히또 잔에 들어간 라임을 센터피스에 넣어도 좋고, 접시 위에 올라간 로즈마리를 병 꽂이에 이용해도 좋다. 소재의 깔 맞춤! 센스 있는 파티 호스트로 등극하실지도.

#할로윈 혹은 땡스기빙 바스켓
#풍성한 미제 느낌으루다가

Material

호박
장미
핀쿠션
메리골드
투베로사
담쟁이
꽃고추
맨드라미

Comment

1. 호박은 너무 무겁지 않은 사이즈를 사용하고 와이어나 스틱, 나무젓가락 등을 이용해 고정하는 데 무게를 견딜 수 있는 정도의 굵기나 강도여야 출렁거리거나 고꾸라지지 않는다.

2. 제철이 아니라 구하기 어려운 경우 조화 시장에서 구할 수 있는 모형(자연 소재가 주는 느낌이 비할 바는 아니겠지만)으로 대체하기도 한다.

3. 과일이나 채소를 활용할 때는 키가 높은 디자인에서는 처지기 쉬우니 낮은 화기나 바스켓을 사용한 낮은 디자인이 안정적이다.

Technique Floral Foam

28

이국적인 바구니
EXOTIC BASKET

28
EXOTIC BASKET
이국적인 바구니

해당 브랜드의 디자인 시즌 컨셉은 DANGER였다. 해외 본사의 이국적이고 그로테스크하며 개성 있는 플라워디자인 시트가 나에게 전달되었다. 맨날 하는 승진용 꽃바구니가 아니라 흥미로운 작업이 될 듯했다. 단, 아쉬운 것 중의 하나는 해외 브랜드의 행사는 우리나라 브랜드 행사보다 꽃을 많이 사용한다는 것. 물론 모든 것이 다 비용이니 하고 싶은 거 다 할 수 없는 그 형편도 이해는 간다. 언제쯤 우리나라는 꽃이 고객을 위한 매너이고 에티켓인 문화가 되어 신바람 나는 플로리스트들이 많아질까. 나의 다음 세대 플로리스트들은 반드시 그런 선진 문화 속에서 작업할 수 있기를 간절히 바란다.

대부분의 해외 브랜드는 브랜드의 컨셉이나 론칭하는 상품에 맞는 플라워디자인을 가지고 있다. 그런 행사의 플라워 의뢰가 오게 되면 해외 본사의 디자인 시트가 함께 오는 경우가 많다. 어떤 컨셉의 디자인인지 본사의 행사에서는 어떤 종류와 컬러의 꽃들을 사용하는지, 가끔은 러프하게 가끔은 꽤나 디테일하게 전달된다. 그러다 문득 '이 플라워디자인 시트는 누가 만들었을까?'라는 궁금해진다. 꽤나 프로페셔널한 디렉션을 읽으면 플로리스트가 만들었거나 플라워에 조예가 있는 디자이너의 작업물임이 분명하다. 명쾌하고 간결하다. 그런데 가끔 꽃을 잘 모르는 담당자와 대화를 할 때 안타까울 때가 있는데, '왜 그런 거 있잖아요' 만 남발하는 관계자들을 만날 때면 '이거 쉽지 않겠구나' 싶을 때가 많다. 관련된 산업에서 일한다면 어느 정도는 공부를 해야 하는 것 같다. 아님 전문가에게 맡기자. 잘 모르는데 소신만 있는 사람들은 대책이 없다. "아는 것이 힘"

Technique Floral Foam

Material

에어플랜트
반다
호접
프로티아
병솔
글로리오사

Comment

1 극명한 컬러의 대비는 자칫 촌스러워 보일 수 있다. 컬러 매치를 자주 해보고 본인이 자주 사용하는 레시피를 만들자.

2 이국적인 분위기를 연출하기에 좋은 소재들은 리스트업 해두면 좋다. (예. 양난, 글로리오사, 에어플랜트나 다육식물, 프로티아 등등)

29

와인 바구니
WINE BOTTLE GIFT BASKET

29

WINE BOTTLE GIFT BASKET
와인 바구니

꽃은 썰렁한 무언가를 있어 보이게 하는 요물임은 틀림이 없다.
평범한 와인 한 병을 이다지도 감각적인 패키지로 변신시켜주다니 말이다.
그렇지만 와인병 혹은 보내고자 하는 선물이 꽃에 묻히게 두진 말자.
주인공은 와인과 선물이고 꽃은 거들 뿐이니 플로리스트들이여, 오바하지 말자.

본인이 얼마나 꽃을 잘하는 플로리스트인지는 꽃만으로 평가할 수는 없지 싶다.
어울리는 바구니에 고객의 선물이 꽃과 잘 어우러져 기분 좋은 선물포장이 되었는지까지가
어쩌면 평가 대상인지도 모르겠다.

꽃만 동동 떠있는 혹은 꽃만 압도적인 선물은 꽃 선물이지 와인 선물이 아닐 테니까.
선물포장으로서의 플라워디자인은 한 번 더 생각해 볼 일이다.
뭐가 주인공인지.

Material

장미
모카라
핀쿠션
미니장미
카모마일
유칼립투스 니콜
레몬트리

Comment

1 와인병이 일정 정도는 보이게 세팅해야 효과적이다.

2 일반 어레인지용 바구니보다는 조금 단단하고 깊이감이 있는 바스켓이 작업시 편하니 사이즈 체크는 필수다.

3 와인병뿐 아니라 좋은 오일이나 병이 이쁜 아이템들은 한번쯤 연습해두면 본인만의 햄퍼 바구니hamper basket 시그니처를 만들 수 있다.

Technique Floral Foam

30

화이트 & 실버 바구니
WHITE & SILVER BASKET

30
WHITE & SILVER BASKET
화이트 & 실버 바구니

첫눈이 오는 날이었다.
첫눈 같은 어레인지가 뜬금없이 만들고 싶었던 것 같다. 승진 철이기도 했고 당연히 크리스마스 즈음이기도 했는데, 덕분에 매번 레드 그린 일색이어서 무채색이 그리웠을까. 너무나 감사하게도 선생님 스타일대로 겨울 분위기를 만들어 달라는 주문은 선물 같았다. 아는 분들은 아시겠지만 나는 화이트그린 매니아다. 겨울이라고 따뜻한 컬러만 있는 게 아니거든요, 눈은 하얗거든요. 겨울 상록수에 눈이 소복이 내린 느낌의 바구니를 신나게 만들고는 슬쩍 고민이 되었나.

'너무 추워 보인다거나 비비드하지 않다거나 하는 컴플레인이 생기면 어쩌지?'

꽃집을 오래 하다 보니 '프로포즈에는 이 컬러', '승진에는 이 소재', '생신에는 이 디자인' 같은 고객과 나 사이의 타협점을 찾게 된다. 편하기도 하지만 어느 순간 재미없는 꽃집 주인이 되는 것 같아서 흠칫 놀라기도 한다. '시류에는 발맞추지만 조셉의 냄새는 나야 하지 않을까?' 걱정했었는데, 감사하게도 보내는 분 & 받으신 분 & 받으신 분의 주변인들에게까지 반응이 좋았다. 나의 과감한 선택 때문이었을까? 첫눈의 혜택이었을까? 가끔은 내 멋대로 해도 괜찮을 수 있다.

Material

수국
장미
다알리아
카네이션
목화
브루니아
스키미아
유칼립투스
전나무

Comment

1. 겨울 소재는 침엽수 종류들을 조금씩 여러 가지 사두고 분위기에 맞게 돌려쓰는 편이다. 고맙게도 쉽게 시들지 않고 오래 살아남아준다.

2. 실버의 느낌을 내야 할 때는 유칼립투스 종류의 그린 소재를 활용하거나 브루니아, 코치아, 에린지움 같은 그레이톤의 소재를 곁들인다. 크리스마스라면 은색 락카를 입힌 스키미아나 오리목, 열매류를 사용하면 좋다.

Technique Floral Foam

31

꽃배추 바구니
ORNAMENTAL CABBAGE BASKET

31

ORNAMENTAL CABBAGE BASKET
꽃배추 바구니

앞서 이야기한 대로 바스켓을 어레인지 할 때는 소재에 좀 더 신경을 쓰는 편인데 시선을 붙들어주는 소재 한 두가지 정도면 충분하다. 양난이나 남아공 소재들, 작약이나 다양한 폼 플라워들을 사용하곤 하는데 대체적으로 가격이 만만치 않다. 항상 비싼 소재만 사용할 수는 없는 노릇이니 가성비가 좋은 바구니를 만들어야 할 때면 아이 캐치의 소재로 꽃배추(잎모란)를 자주 사용한다. 사실 처음 꽃배추를 마주하게 되면 겨울 도로 곁의 화단에 헤프게 핀 그 모습을 떠올리게 돼 선뜻 집어들기가 쉽지 않지만 가만히 들여다보면 화려한 화형과 깊은 컬러감과 볼륨까지 꽤 매력적인 꽃임을 금세 깨닫게 된다. 가끔 볼륨감을 위해 쓰는 수국이 지겨울 때, 찾는 수입 소재가 시장에 없을 때면 잎모란이 꽤나 좋은 대안이 되어준다.

최선이 아니면 차선을 빠르게 찾아 대입할 줄 아는 것도 플로리스트의 몫이다. 손이 가지 않았던 그저 그렇다고 생각했던 그 무언가를 디자이너의 손끝으로 변신시켜보라. 짜릿하다.

Material

잎모란
장미
카라
글라디올러스
헬리보어
왁스플라워
₩스키미아
그레빌리아

Comment

1 개인적으로 화병 꽃이보다는 플로랄 폼, 특히 바스켓 어레인지에 어울린다고 생각하는 편이다.

2 너무 큰 사이즈보다는 10센티 내외의 사이즈가 어레인지를 압도하지 않는다.

Technique Floral Foam

대형 바구니
LARGE BASKET

32

LARGE BASKET
대형 바구니

몇 년 전부터 중소기업진흥공단에서 진행하는 소상공인재교육의 초청강사로 참여하고 있는데 수업 참가자 대부분 전국에서 꽃집을 운영하고 계신 사장님들이다. 아무래도 현장에 계신 분들이고 최전방에 계신 분들이라 그런지 수업의 집중도와 열기는 어마어마하다. 그런데 매번 질의응답시간이면 듣게 되는 이야기가 있다. 내가 준비한 시연의 사이즈가 조금 커지거나 고급 소재를 사용하거나 할 때마다 그런 건 본인들의 동네에서는 팔리지 않을 거라는 이야기다. '예쁜 어레인지는 찾지 않고 싼 것만 찾는다'고

나 또한 그랬었다. 호텔을 마지막 직장으로 창업이란 정글에 뛰어들었을 때 소매로는 한 송이 포장, 미니다발, 미니바구니 대강 그런 아이템들이 판매의 대부분이었다. 10개를 팔아봐야 얼마 되지도 않았을 뿐더러 돈을 떠나 지루해지기 시작했다. 다양한 소재를 구비해 다양한 어레인지를 만들어댔다. 예약주문이 있는 것도 아니었는데 그냥 만들었다. 지갑은 얄팍해졌지만 조셉의 포트폴리오와 메뉴판은 두터워졌다. 그때의 그 이미지들과 포트폴리오 덕분에 고객의 계층도 두터워졌다.

돌이켜보면 그 포트폴리오를 만드는 과정과 비용까지 창업비용에 포함시켜야 하는 것 같다. 미리 알았으면 얼마나 좋았을까마는, 인생은 겪을 걸 다 겪어내야지만 교훈을 주나보다.

'저렴한 것만 찾는 고객만 온다면 내 메뉴판도 한번 들여다 볼일이다'

Material

수국
글라디올러스
장미
심비디움
핀쿠션
잎설유
청지목

Comment

1 어레인지가 일정 사이즈 이상으로 커지면 가장 신경 쓰는 부분이 균형감이다. 밸런스가 망가지기 쉬우니 반드시 한 발자국씩 떨어져서 보고 작업해야 한다.

2 꽃만으로 키를 높이는 데 한계가 있으니 글라디올러스, 델피늄, 곱슬버들, 말채 등 긴 소재를 활용해도 좋다.

3 적신 플로랄폼으로 다 채우면 전체 무게가 너무 무거워지니 아래 부분은 스티로폼이나 마른 플로랄폼으로 채우는 것도 방법이다.

Technique Floral Foam

#가을톤으로 담아드린
#창업주 탄생 백주년 기념식 대형꽃바구니
#뜻깊은 자리에 함께해주셔서 감사합니다
#백년지나면 나는 누가 알아주려나

빨간 장미 바구니
RED ROSE BASKET

33

RED ROSE BASKET
빨간 장미 바구니

꽃집을 운영하는 플로리스트로써 어쩌면 꼭 다루어 봐야 할 소재는 빨간 장미가 아닐까? 물론 플로리스트라면 다양한 소재와 컬러를 주저함 없이 척척 만들어야 하는 거긴 하지만 여전히 빨간 장미는 꽤나 많은 고객들이 떠올리는 "꽃 선물" 중의 하나이고 그것은 곧 흔한 꽃 선물이 될 수도 있다는 이야기다. 레드 컬러가 주는 강렬함 때문인지, 아님 누구나 떠올리는 흔함 때문이지 빨간 장미는 직접 보기도 전에 촌스러울 수 있다. 그렇고 그런 소재나 컬러를 나름의 센스로 그렇지 않게 만드는 것은 플로리스트에게 주어진 숙제 같다. 촌스러움은 걷어내고 플로리스트의 '쪼' 가 있는 근사한 꽃 선물로 만들기! 고객의 빨간 장미 주문 덕에 오늘도 과제를 완료했다.

그러고 보니 수요일엔 빨간 장미를 이란 노래가 있었던 것 같은데 그 당시 꽃집 사장님들은 그 덕을 보셨을라나?

Material

도미니크
블랙뷰티
심비디움 에린지움
라넌큘러스
스키미아
레몬트리

Comment

1. 빨간 장미를 이용한 어레인지를 할 때는 항상 톤을 신경 쓴다.

2. 라이트한 레드보다는 살짝 검붉은 느낌의 소재(ex. 장미는 블랙뷰티, 도미니크, 굴스한, 양난은 심비디움이나, 모카라 등등)를 섞어 쓰면 좀 더 매력적인 레드의 표현이 가능해져 자주 활용한다.

Technique Floral Foam

양철 바구니
TIN BASKET

34
TIN BASKET
양철 바구니

어쩌면 참 뻔하고 지겨운 게 꽃바구니일 수 있겠다. 라탄이나 우드, 해초바구니는 컬러도 비슷하고 얼핏 보면 느낌도 비슷하다. 그래서 집어든 틴 바스켓, 무언가 지루해질 때 변화가 있어야 하니까.

감사하게도 조셉의 고객들은 나의 그런 소심한 외도를 참 좋아들 하신다. '네네 좋아요. 선생님 아이디어대로 얼마든지요!' 감사한 신뢰지만 한편 슬쩍 걱정이 되기도 한다. 모두를 만족시킬 수는 없으니까.

나의 가장 친한 친구였던 할머니께서 그러셨다. '만인이 다 너를 좋아할 수는 없고 싫어하는 사람이 더 많을 수도 있으니 그러려니 하라'고.

시류에 너무 좌지우지되지 않으면서 지금껏 내가 하고 싶은 걸 할 수 있게 된 내 인생의 성경 말씀이다. 혹은 나의 MBTI가 T여서 일 지도.

틴 바스켓은 빈티지하고 코티지 스러운 분위기를 만들어준다. 꽃을 즐기고 난 후 작은 식물들을 담아두기에도 좋으니 일석이조, 일타쌍피!

Material
작약
미니장미
코스모스
베로니카
에린지움
영춘화
아이비
냉이초

Comment
1 틴은 변색이나 녹이 슬기 쉬우니 젖은 플로랄 폼이 바로 닿지 않게 방수처리에 좀 더 주의한다.

2 워낙 그린 소재를 좋아하지만 틴바스켓은 왠지 그린과 더 잘 어울리는 것 같아 일반적인 바구니보다 그린 소재의 양을 늘려 혹은 볼륨을 키워 작업하는 편이다.

Technique Floral Foam

35

버젯 바구니
BUDGET BASKET

35

BUDGET BASKET
버젯 바구니

예산이 많아 좋은 소재(대체적으로 비싸다)와 고가의 수입 소재를 마구마구 때려 넣은 꽃바구니를 만들면 참으로 이상적이겠으나 우리는 땅바닥에 발을 내리고 사는 존재들 아니겠는가, 최소의 소재로 고객이 오게이 할 수 있는 최고의 결과물을 만들어내야 할 때가 어쩌면 더 자주 있는 것 같다.

이 바스켓은 어느 샵에나 있을법한 소재로만 디자인했다. 장미, 리시안서스, 스톡, 약간의 필러, 그리고 그린 소재. 거의 일 년 내내 꽃 시장에서 혹은 동네 꽃집에서 구할수 있는 소재(상대적으로 저렴한)로 만 작업했다. 꽃바구니에는 반드시 고급 소재가 한두 종류는 들어가야 한다는 나의 아집에 알람이 울리는 순간이었다. 고객의 감동 어린 칭찬뿐 아니라 '어쩜 시장에서 맨날 보는 뻔한 것들로 이리 만들었냐며' 주변 플로리스트들도 농을 던졌다.

런던에 살면서 좋았던 것 중의 하나는 바로 저가항공(LCC) 이었다. 지갑이 가벼운 유학생, 외노자인 나에게 국내 기차표 가격으로 유럽 어디든 갈 수 있는 저가항공은 그야말로 수지맞은 선물이 있다. 물론 기내식도, 커피 한 잔도 내돈내산만 가능한데다 출발 시간도 엉망진창이라 변두리공항을 새벽에 가있어야 하기도 했지만 두서너 시간 정도면 눈앞에 바르셀로나와 베니스가 펼쳐졌다.

꽃을 잘 모르거나 관심이 없는 고객들에게 고급 소재를 운운하는 건 마치 스페인산 캐비어와 러시안 캐비어의 풍미가 다르다고 이야기 하는것과 같지 않을까. 그들의 눈에는 그저 다 예쁜 꽃 들일 뿐이니까. 똑같은 쌀도 뜸을 잘 들이면 더 맛있는 밥이 되듯이, 흔해빠진 소재로 고객이 즐거워하는 아이템을 만드는 것이 플로리스트의 능력치다.

Material

장미
미니장미
리시안서스
스톡
유칼립투스
비브리움

Comment

1 주문이 있을 때마다 매번 장을 보는 건 체력적으로나 경제적으로나 참 버거운 일이다. 매장에 항상 가지고 있는 소재로 혹은 흔히 구매할 수 있는 비싸지 않은 소재로 연습해두자.

2 바스켓의 사이즈에 따라 다르겠지만 리시안서스는 보야주보다는 클라리스, 로지나 정도로 너무 크지 않은 화형을 사용하는 편이다.

Part

03

HANDTIED BOUQUET

Quick to make!

플라워 스쿨 핸드타이드 수업 첫 시간, 영국 선생님의 판서가 아직도 생생하다.

화병이나 플로랄폼을 사용하는 다른 어레인지와 달리 수분이 보장되지 않은 상태에서 작업해야 하기에 되도록 빨리 만들어야 하며 손으로 잡고 있는 시간이 상대적으로 길어 체온이 고스란히 꽃으로 전달되기 쉽다.

게다가 꽃다발은 고객들 앞에서 만들어야 하는 경우도 많기에 언제나 스스로에게 그때 그 주문을 건다. Quick to make!

핸드타이드의 경우, 다른 어레인지에 비해 작업이 편해지기까지 시간이 오래 걸렸다. 처음엔 엉망이었다가 봐줄만했다가를 반복하다 2~3년쯤 지나니 그 편차가 줄기 시작했다.

더 빨리 마스터하는 법은 없느냐고? 내 경험에 비추어보자면 그런 경우는 없다. 끊임없는 반복과 연습이 내가 사용한 방법이다.

36

장미 & 유칼립투스 꽃다발
ROSE & EUCALYPTUS BOUQUET

36

ROSE & EUCALYPTUS BOUQUET
장미 & 유칼립투스 꽃다발

영국인들이야 워낙 다양한 꽃을 생활 전반에서 즐기는 사람들이지만
그럼에도 불구하고 영국적인 꽃다발을 생각하면
나는 항상 잉글리시 로즈와 유칼립투스를 떠올리게 된다.
가장 베이직하고 심플하지만 가장 효과적인 이 핸드타이드는
입문자들을 위한 연습용으로도 제격이다.

한 종류의 장미와 마음에 드는 그린소재 한 가지.
줄기의 굵기나 강도, 화형의 사이즈도 비슷하기에 스파이럴 효과^{spiral effect}를 연습하거나
밸런스를 맞추는데 용이하기 때문이다.

빨간 장미와 유칼립투스의 조합은 크리스마스에도 발렌타인데이에도 마더스데이에도
영국인들이 가장 많이 선택하는 옵션이다.

simple is the best.

화려하진 않지만 수년이 지난 후에 봐도 진부하지 않다.

Technique Spiral Hand-tied

Material

장미
유칼립투스
스키미아

Comment

1 장미는 카네이션이나 퐁퐁소국 등으로 대체해서 사용하거나 서로 믹스해서 사용해도 나쁘지 않다, 다만 처음 연습할 때는 화형의 크기나 줄기의 사이즈가 적당히 비슷한 것을 선택하는 것이 좋다.

2 유칼립투스는 수입산 시네리아를 사용했는데 블랙잭이나 스콜 등 국산 유칼립투스를 사용하면 가성비 또한 좋아진다.

3 이때 그린 높이는 서로 비슷한 것이 깨끗해 보인다.

37

수국 & 장미 꽃다발
HYDRANGEA & ROSES BOUQUET

37

HYDRANGEA & ROSES BOUQUET
수국 & 장미 꽃다발

수국은 플라워디자인에 언제나 풍성함을 만들어준다. 수국만을 사용하는 수국 꽃다발이라면 크게 상관없는데 다른 소재들과 수국을 믹스해야 할 때 나는 항상 수국의 사이즈를 체크한다.

전체 사이즈의 1/3을 넘지 않은 사이즈의 수국을 사용할 것!

더 큰 수국을 좋아하는 분이라면 얼마든지 원하시는 대로, 그러나 개인적으로 수국은 얼굴이 큰 편이라 무거워 보이기 쉽기 때문에 사이즈에 주의하는 편이다. 얼굴이 너무 크거나 모양이 고르지 않다면 작은 줄기들을 다듬어 원하는 사이즈와 모양을 만들기도 한다. 잔잔한 스프레이 장미들 사이에 할로윈 호박만한 수국이 또아리를 틀고 있는 다발은 정말 NoNo하다.

항상 조화롭고 어우러지게, 그런 꽃다발을 만드는 플로리스트이고 싶다.

Material

수국
장미
미니장미
설유화
유칼립투스

Comment

1 수국이 너무 중앙에 오지 않도록 위치를 잡아가며 스파이럴한다.

2 수국의 사이즈가 부담스럽게 느껴진다면 화형이 큰 장미나 작약으로 대체해 사용해도 좋겠다.

Material

수국, 장미, 미니장미, 설유화, 유칼립투스

Material

수국, 장미, 미니장미, 리시안서스, 작약, 꽃조팝

38

작약 & 장미 꽃다발
PEONY & ROSES BOUQUET

38

PEONY & ROSES BOUQUET
작약 & 장미 꽃다발

나는 주변 누구나가 다 아는 장미 매니아다.
꽃 시장에서 사입을 하고 나면 반은 장미, 반은 그린 소재니 참 어쩔 수 없는 장미 러버 인가보다.
그토록 사랑해 마지않는 장미를 잠시 한켠에 두고
작약이 보이기 시작하는 늦봄부터 초여름까지는 외도 아닌 외도가 시작된다.
"Love affair in Peony"
나풀거리는 수백 장의 꽃잎과 최면에 걸릴 듯한 향기,
여름 언저리에만 만날 수 있는 아슬아슬한 아쉬움까지
그 잠깐 동안 장미 러버의 외도는 찰나처럼 지나간다.

장미와 작약, 사랑하는 두 가지를 동시에 가질 수 있다니 얼마나 수지맞은 일인가
장미를 향한 사랑, 작약과의 백일몽 같은 외도
비록 독거노인이지만 애인이 둘이다.

Material

장미
작약
미니장미
아스틸베
중산국수

Comment

1 작약은 얼굴이 완전히 피기 전에 사용하는 편이다. 1/2이나 1/3쯤 핀 정도를 선호한다

2 작은 꽃이나 열매가 달린 그린소재는 일석이조의 효과가 있어 자주 사용한다. 잎소재의 느낌과 함께 필러로서의 역할도 톡톡히 한다

Technique Spiral Hand-tied

39

프로티아 꽃다발
PROTEA BOUQUET

39

PROTEA BOUQUET
프로티아 꽃다발

'선생님! 이쁘기만 한 거 말구요, 있잖아요 왜 그런 거'

디자인 펌을 운영하는 고객님의 주문이다.

주문이 아니라 숙제다. 이쁜데 이쁘기만 하면 안 되고 그녀의 '있잖아요 왜 그런 거'도 후딱 파악해야 한다. 일하는 공간을 위한 꽃이니 수명도 신경 써야 하고, 디자인 회사이니 그저 러블리하기만 한 꽃보다는 시크하기도 해야 하고

이상야릇한 주문은 플로리스트의 도전 정신을 살살 부추긴다.

까다롭거나 복잡한 주문은 가끔씩 즐거운 과제가 된다.

다 풀고 났을 때의 짜릿함, 꽃 숙제의 짜릿함은 고객의 만족이다.

킹프로티아 Giant Protea 에게 경배를!

Material

킹프로티아
장미
미니장미
아스클레피아스
중산국수
냉이초
그레빌리아
유칼립투스
야자

Comment

1 프로티아 같은 소재는 무게가 상당하다. 무게중심이 치우치지 않도록 배치에 주의한다.

2 킹프로티아가 어렵다면 사이즈가 좀 작은 '핀쿠션' 정도로 시작해 보자.

Material

킹프로티아, 장미, 미니장미, 냉이초, 그레빌리아, 유칼립투스, 야자

Material

킹프로티아, 미니장미, 크로코스미아, 유칼립투스

40

HEART SHAPED BOUQUET
하트 셰입 꽃다발

꽃은 언어다.

무엇으로도 표현할 수 없을 때 혹은 말보다 더 큰 표현이 필요할 때 우리에겐 꽃이라는 랭귀지가 있으니 효과적인 비언어적 표현이 필요하다면 당장 꽃집 문을 박차고 들어가시라

마음은 표현해야 한다고들 하는데 극 T인 나는 '그걸 머 말로 해야 알아? 그냥 느끼는 거야' 주의였다. 하지만 사랑에 빠진 자들을 자주 만나는 직업 특성 때문인지 표현하는 사람들이 많다는걸 그리고 표현하지 않으면 그 마음을 잘 알 수 없다는 걸 배우기도 한다.

사랑하는 이가 좋아하는 꽃으로 혹은 핑크로 그리고 하트로 마음을 건네는 그들은 이찌면 디듭 T였을까? 말하기 쑥스러운 츤데레들이여 꽃집으로 모여라.

Material

장미
미니장미
곱슬버들

Comment

1 하트 모양의 핸드타이드는 일반적인 포장보다는 깊이감이 있는 박스나 햇 박스에 담으면 더욱 로맨틱해 보인다.

2 플랫 백의 형태로 만들기도 하는데 소재의 화형과 하트 셰입을 나타내기에는 포지의 형태가 더 유리하다

Technique Non-spiral Hand-tied

41
LILY BOUQUET
릴리 꽃다발

런던에서 일했던 한 업체는 좋은 컨트랙을 많이 가지고 있었는데 덕분에 꽃장식 구경뿐 아니라 좋은 베뉴venue 구경까지 덤으로 할 수 있었다. 운이 좋게도 꽃 장식을 담당했던 한 클럽(춤추고 노는 클럽이 아니라 신사들의 프라이빗 비즈니스클럽이었다)의 회원 중의 한 명이 지금은 영국의 왕이 된 찰스 왕세자였다. 입구와 로비 장식을 매주 작업했었는데 그의 생일파티가 그 클럽에서 있었다. 그를 위한 생일 꽃은 무엇일까, 출근길이 설레기까지 했다.

오너가 준비해둔 소재는 깜짝 놀랄 만큼이나 기가 막힌 상태의 백합과 유칼립투스였다. 백합의 때깔이 어찌나 맑고 투영한지 고귀한 느낌까지 났었다. 중세 유럽, 백합이 왜 귀족들을 위한 꽃으로 사용되었는지 단박에 이해가 되었다.

지금도 꽤 자주 셀럽들을 위한 꽃을 만들지만 영국에서 왕세자를 위한 꽃을 만들며 기분 좋게 설레였던 기억이 난다. 그는 알까? 그의 생일 꽃다발이 동양에서 온 외노자 플로리스트가 만든 그 것이었는지.

백합은 pollen 플리워(꽃기루꽃)라 미리 밑 작업도 해두어야 하고 다른 소재에 비해 무게감도 있어 연습하기에도 더할 나위 없이 좋은 소재다. 그때 그 설렘을 잊고 싶지 않아서인지, 왕세자 꽃다발 만든 경력을 자랑하고 싶어서인지 릴리 부케는 반드시 클래스 프로그램에 넣는 편이다.

아무튼 Long live the King!!!

Material

릴리(시베리아)
유칼립투스
그레빌리아
곱슬버들

Comment

1 백합은 얼굴의 크기가 되도록 균일하고 꽃잎이 마르지 않은 것으로 준비한다.

2 꽃가루는 파우더로 변하기 전 핀셋이나 나무젓가락으로 미리미리 제거해둔다.

3 유칼립투스는 잔잔한 느낌의 종류보다는 시네리아, 페니검, 스콜처럼 볼륨감이 있는 것들이 적당하다.

4 곱슬이나 버들을 믹스하면 글래머러스한 분위기를 연출할 수 있다.

Technique Hand-tied

#이달의 꽃은 나리
#숙제같은 매달 연재, 그래서 하게 되는 공부

42

FOLIAGE BOUQUET
폴리지 꽃다발

플랜테리어가 유행이라고 한다.

잘들 아시겠지만 plant + interior 의 합성어로 말 그대로 식물을 이용해 집안을 꾸미는 일련의 데커레이션을 일컫는다. 국적불명의 도자기에 심어놓은 동양란도 아니고 임원실에 있을법한 이름 모를 분재도 아닌 시크한 식물들을 집안 인테리어로 생각하는 대한민국이라니 그 어메이징한 장족의 발전에 오 놀라워라! 그러나 안타깝게도 본인은 플랜트 러버라기보다는 플라워 러버다.

꽃을 그닥 좋아하지 않는 많은 분들이 이야기하는 꽃의 단점이 오래가지 않아서라는데 아이러니하게도 그 점이 바로 내가 꽃에 빠진 이유다. 꽃은 빨리 사라지니 수일이 지나고 나면 다시 새로운 꽃을 보게 된다. 지겨울 새가 없는 거다. 변덕이 널을 뛰는 싫증쟁이인 나에게 꽃은 어쩌면 딱 맞는 오브제였다. 그래서 식물을 들이기보다는 덜 부담스러운 잎 소재 꽃다발을 나 같은 얕은 성정의 사람들에게 추천한다. 얼핏 잔잔한 화분 같고 꽃보다 수명도 길며 내 공간에 싱그러움까지 가져다주는 폴리지 부케 '한 뿌리 들여보시겠어요?'

Material

유칼립투스
레몬잎
야자
연밥
미니장미
크로코스미아
스테노카르푸스
에뮤그라스

Comment

1 좀 더 오래 즐기고 싶다면 수분이 많은 소재보다는 Crispy한 그린(유칼립투스, 편백 측백 절지 종류)이 낫다.

2 꽃이 없어 아쉽다면 스프레이 종류의 꽃들을 믹스하기도 한다. 미니장미, 왁스플라워, 소국, 제니스타 등등

3 화형이 큰 소재는 피한다.

Technique Spiral Hand-tied

43

SUNFLOWER BOUQUET
해바라기 꽃다발

내 맘 같지 않은 소재라 자주 연습하시라고 했던 몇 가지 중 대표는 바로 해바라기이다. 플로랄 폼에 꽂는 건 그나마 위치라도 잡기가 편한데 해바라기를 이용한 꽃다발은 영 만만치가 않다. 얼굴은 이리저리 돌이가 있고 사이즈마저 다 다를 땐 잡았다 풀었다를 반복하기 일쑤다.

컨디셔닝은 얼굴이 잘 설수 있도록 티슈페이퍼로 목 아래를 둘러주고 물을 올리는 방법으로 하거나 와이어를 이용해 얼굴의 방향을 조정해 줄 수도 있다.

잎 소재 없이 해바라기만으로도 근사하고 풍성한 꽃다발을 만들 수 있지만 포인트가 되는 한두 가지 그린소재를 살짝 추가해도 멋스럽다.

해바라기는 부의 상징이라고 했던가? 장 봐다 놓우 족족 집어 들 가신다.

부자 되세요~

Material

해바라기
그레빌리아

Comment

1 화형이 너무 큰 해바라기는 중소형 사이즈와 믹스해 사용하는 편이다. 그래야 부담스럽지 않은 꽃다발이 된다.
2 다양한 컬러의 해바라기를 믹스에도 멋스럽다.

#해바라기가 부의 상징이라고 했던가?
#장봐다 놓는 족족 집어들 가신다
#부자되세요

Technique Spiral Hand-tied

44

작약 꽃다발
PEONY BOUQUET

44

PEONY BOUQUET
작약 꽃다발

작약은 사랑하는 연인이다.

생각만 해도 설레고 바라볼수록 빠져드니 애인도 그런 애인이 없다. 그래서인지 작약철이면 주문도 없는데 작약을 뭉텅이로 사다 놓고는 혼자 신났다. 좋아하는 화병에 한 송이 꽂아 놓았다가, 사진을 수십 장씩 찍다가,

누가 보면 아주 많이 아픈 애라고 할 것이다.

작약 때문에 아픈 사람은 나뿐만이 아니라 외롭지는 않다. 작약이 나오기 무섭게 작약 클럽 멤버들이 사부작사부작 움직여 베이스로 바스켓으로 부케로 각자의 상사병을 치유한다.

일 년에 한 번뿐인 작약 환우들과의 소통이 벌써 기다려진다.

Material

작약
냉이초
꼬리조팝
레몬트리

Comment

1 작약은 피지 않은 몽우리를 쓰지 않을 요량이면 얼굴이 살짝 벌어진 상태의 꽃을 사야 끝까지 피는 모습을 즐길 수 있다. 라넌큘러스도 마찬가지

2 얼굴이 큰 그린소재를 작약과 잘 믹스하지 않는 편이다. 화형이 소프트한 작약의 얼굴을 누르지 않는 하늘거리는 소재를 사용한다.

Technique Spiral Hand-tied

45

100송이 장미 꽃다발
HUNDRED ROSES BOUQUET

45

HUNDRED ROSES BOUQUET
100송이 장미 꽃다발

누가 백송이 장미 꽃다발을 상담할 때면 '양보다 질'을 내세워 "백송이 말고 작지만 고급 소재로 하셔도 좋겠다"고 되지도 않은 추천을 하곤 했다. 그런 거 말고 세련된 거 좀 하라는 시건방이 마음 한편에 있었던 게다.

어느 날 중년의 신사가 찾아와 지금껏 단 한 번도 아내분께 꽃 선물을 해본 적이 없다며 그간의 보상을 백송이 꽃다발로 하고 싶다고 수줍게 주문을 하고 가셨다. 백송이 꽃다발은 대부분 사랑에 빠진 혹은 그런 줄 아는 젊은 남성들의 호기로운 주문일 때가 많아 나도 자꾸 고급스러운 걸 선물하시라고 꼬실 때가 많았는데, 그 중년 신사분의 백송이 꽃다발은 군소리 없이 입다물고 정성을 다해 만들어드렸다. 십년치쯤 혹은 이십년치쯤 미안한 그의 마음을 담아드렸을까?

나는 아직도 나의 잣대를 타인에게 권유하는 미숙아인가 보다. 아직 멀었다.

Material

장미

Comment

1 백송이 장미 꽃다발을 준비할 때는 꽃도 꽃이지만 줄기에 있는 잎이 싱싱한지 확인하는 편이다. 백송이 꽃다발은 다른 잎 소재 없이 만들 때가 가장 매력적으로 보이는 것 같아 장미 자체의 건강한 잎으로 충분하다.

2 줄기가 너무 굵은 것도 작업하기 난감하지만 너무 가늘어 흐느적거리는 장미도 작업이 어렵기는 매한가지다. 예산이 항상 문제긴 하지만 너무 저렴하다고 사입 했다가 낭패를 보는 경우도 있으니 주의하자.

3 백송이 꽃다발을 작업하다 보면 부러지거나 얼굴이 망가지는 줄기들이 있으니 10단이 아닌 11단 정도를 준비한다.

Technique Spiral Hand-tied

46

섹션 꽃다발
SECTION BOUQUET

46
SECTION BOUQUET / GROUPED HANDTIED
섹션 꽃다발

섹션 핸드타이드로 많이 알고들 있지만 현지에서는 Grouped handtied로 불리기도 한다. 소재와 컬러로 섹션을 나누어 만들기에 섹션 꽃다발로 부르나 보다. 꽃다발 중 그룹핑으로 표현하는 대표적인 디자인으로 런던 제인 패커 플라워의 시그니처 상품 중 하나이다.

많은 분들이 제인 패커가 만들어낸 플라워디자인으로 알고 있지만 사실 그룹핑으로 만드는 꽃다발은 예전부터 있던 디자인이다. 다만 '그녀가 세련된 컬러의 배치와 소재의 구성으로 모던하게 재해석 해냈을 뿐이다'라고 말하기에는 그녀의 섹션 핸드타이드의 파급력은 실로 어마어마했다. 전세계에서 만들어댔으니까. 나도 모르는 어떤 여자가 내가 만들어 놓은 섹션 핸드타이드를 보고는 다른 꽃집에 가서 내 험담을 하더란다. 지가(지=조셉) 제인 패커인 줄 안다고 했다나 뭐라나 그러나 어쩔, 그 꽃집은 내 지인이 하는 꽃집이었다는 거. 가만 생각해보면 그걸 전해준 걔도 이상한 애네 남이 들어 유쾌하지 않을 것 같은 애기는 전하지 말자는 게 내 지론이다.

아무튼 그 이야기를 듣고도 나는 기분이 나쁘지 않았다. 도리어 슬쩍 웃음이 나기까지 했다. 나는 제인패커가 누군지도 모른 채 그녀의 책을 보고는 가늠할 수 없는 충격으로 런던행을 선택한 대책 없는 아이였다. 우연인지 필연인지 런던제인패커는 플로리스트라는 직업으로 첫 작업을 한 장소이기도 하다. 지금은 세상에 없는 그녀, 지구 반대편에서 발뒤꿈치라도 따라갈 수 있다면 그걸로 이미 감사한 일이다.

참, 뒷담화를 했다는 누군지 모르는 그 여자의 꽃집은 임시 폐업을 했다는 후문을 또 그 메신저녀에게 전해 들었다.

Technique Spial Hand-tied

Material

수국
퐁퐁소국
장미
카네이션
브르니아
엽란
레몬잎

Comment

1 각 섹션의 사이즈는 같거나 비슷하게 한다.

2 섹션의 구분은 엽란이나 레몬잎 등 다양한 잎 소재로 할 수 있다.

3 잎 소재 없이 꽃이나 컬러만 묶어 섹션을 나눌 수도 있다.

4 같은 소재를 한데만 묶어 놓으면 될 것 같지만 만만치 않은 작업이고 완성 후 예뻐 보이기도 쉽지 않은 디자인이다. 반복적으로 연습해야 될까 말까, 누누이 강조하지만 보기에 단순한 라인이 작업은 더 어렵다.

47

HYDRANGEA FLAT BOUQUET
수국 플랫 꽃다발

앞서 나열했던 둥근 형태의 포지 부케는 일상적인 이벤트에 캐주얼하고 편하게 쓸 수 있는 디자인이다. 집들이 선물로 들고 가 바로 화병에 꽂아도 좋고 데이트할 때 들고나가도 좋다. 반면 뒤가 평평한(flat) 수평형 꽃다발은 포지 부케보다는 좀 더 격식을 갖춘 공식적인 자리에 주로 사용하게 된다. 졸업식이나 시상식, 퇴임식 같은 행사에서 말이다.

물론 그런 행사에 포지를 들고 간다 한들 트집을 잡을 일은 없지만 일반적으로 사방화와 일방화의 구분을 그렇게 하는 편이니 숙지해두자.

사실 플랫 부케인 경우, 수국은 잘 사용하지 않는 편이다. 포장을 했을 경우 어색해 보일 때가 많기 때문이다. 포장을 안 하는 플랫부케라면 상관없다. 사실 개인적으로 포장을 해서 예쁜 꽃다발을 본 경험이 없다. 꽃다발은 아무것도 입지 않은 채 꽃다발만 오롯이 있을 때 제일 건강해 보여야 한다는 생각이다. 건강하지 않은 몸을 좋은 옷으로 가리는 건 잠깐이다 금세 볼품없는 몸뚱이가 드러난다.

여러분의 꽃다발도 포장을 벗겼을 때 더 근사한 꽃다발이기를 바란다.

Material

수국
장미
델피늄
아스클레피아스
잎설유
자리공

Comment

1 플랫백의 경우 꽤 많은 수강생들이 스파이럴 실수를 저지른다. 헷갈리기 쉽다는 의미이기도 하다. 포지의 스파이럴과 다르지 않으니 주의하자.

2 말 그대로 플랫백은 뒤가 평평한 디자인이다. 앞면은 충분히 풍성하고 볼륨감이 있어야 한다. 자칫 앞면이 플랫 해지지 않게 주의할 것

Technique flat Spiral handtied

48

AUTUMN FLAT BOUQUET
가을 플랫 꽃다발

잎 소재만큼 계절을 담아주는 것이 또 있을까? 봄에는 싱그러운 연두빛 그린으로, 여름에는 짙은 녹음으로, 가을에는 단풍든 선선함으로, 겨울은 서늘함으로 자연의 섭리를 영사해 주니 말이다. 꽃 시장의 잎 소재코너에서 갈잎이 보이면 가을을 실감한다. 그러고 보니 나의 계절은 꽃 시장과 닿아 있나보다.

가을 플랫 핸드타이드는 플랫의 형태로 만들기는 했지만 폴리지 포지 부케와 별반 다르지 않다, 플랫은 어레인지의 뒤편이 평평하다는 얘기지 정면은 프로필이 입체적으로 살아있어야 한다. 앞쪽이 평평하면 핸드타이드가 초라해 보일 수 있다.

플랫디자인은 포지디자인에서 1/3쯤을 덜어낸 어레인지이다. 대부분 반 정도를 덜어낸 디자인을 생각하는데 그러면 다발이나 어레인지가 다소 엉성해 보이기 쉽다.

바스락거리는 갈잎이 가을을 재촉한다.

Material

갈잎
낙상홍
패니쿰

Comment

1 폴리지를 이용한 다발일 경우엔 포장을 좀더 심플하게 하려고 하는 편이다.

2 포장이 과해지면 화려하다 못해 산만해져 보이기 때문이다

JOSEP FLOWE
LONDO

Technique   flat Spiral handtied

49

빈티지 장미 플랫 꽃다발
VINTAGE ROSE FLAT BOUQUET

49
VINTAGE ROSE FLAT BOUQUET
빈티지 장미 플랫 꽃다발

한참 빈티지한 컬러가 이뻐 보였다. 우리는 왜 내 눈에 이뻐 보이면 다른 사람들 눈에도 이뻐 보일 거라는 착각을 하게 되는 걸까?

꽃 시장에서 빈티지한 색감의 장미들을 보고 너무 세련됐다며 신나게 사들였다. 비스무레한 그린들을 섞어 핸드타이드를 잡고 빛바랜듯한 시멘트 빛 티슈로 포장까지 했더니, 와우 너무 이뻐, 레트로한걸! 우리끼리 신났다. 그런데 픽업하러 온 고객은 반응이 영 뜨뜻미지근하다.

더 충격적이게도 '끝이 좀 시든 걸까요?'라는 메시지가 왔다. 플로리스트들이 하도 '이쁘다 이쁘다' 강요 아닌 강요를 하는 바람에 들고는 왔는데 썩 내키지 않았던 모양이다.

"잘못 짚었나 보다."

고객을 상대하다 보니 호불호가 적은 소재를 보는 눈이 생기는 것도 같다. 전문가인 플로리스트의 눈과 꽃을 가끔 사는 일반인들의 눈은 다를 수밖에 없다. 고객은 옳으니 추천은 하되 강요는 말자. 나도 그런 집은 안 가게 되니깐.

Material

장미
유칼립투스
그레빌리아

Comment

1 그럼에도 불구하고 빈티지한 소재를 찾는 고객들도 분명 있으니 싫다고 외면하지는 말자, 언제 어디서 여러분의 빈티지함이 필요할지 모른다.

2 무채색의 그레이톤 포장은 빈티지함을 더욱 돋보이게 한다.

3 돌세토장미, 자나미니장미 등은 자칫 시들었다고 착각할 수도 있으니 반드시 확인하자.

Technique Spiral Hand-tied

50

칼라 꽃다발
CALLA BOUQUET

50
CALLA BOUQUET
칼라 꽃다발

아주 세련된 스타일의 예비신부가 웨딩화보 촬영에 쓸 부케를 주문했다. 신부의 취향은 웨딩 본식에 나타날 수도 있겠지만 사실 신부의 개성이나 센스가 가장 드러나는 현장은 웨딩화보 촬영 때라는 생각을 한다. 본식의 세팅은 아무래도 조금 더 틀에 맞춰 진행되어야 하지만 화보 촬영은 신부 세상이다. 부케를 안 들어도 서너 개를 들어도 상관없고 웨딩드레스 대신 칵테일 드레스를 입어도 그만이다.

꽃을 아주 좋아했던 예비신부는 촬영용으로 부케를 세 개나 주문했다. "뭘 그리 여러 개를 하시냐" 물었더니 그녀는 사실 대여섯 개를 하고 싶다길래 아서라 말렸다.

칼라^{calla}는 로맨틱한 느낌의 포지 부케도 좋지만 플랫 형태의 캐스케이드로 하면 모던 시크 바이브(현대적 세련미)가 살아난다. 바지를 입고하는 촬영에 딱일 거라며 현금으로 결제하고 간 그녀의 스냅사진이 갑자기 궁금하다.

Material
칼라릴리
줄호엽

Comment
1 칼라릴리는 화형의 뾰족한 부분이 중심에서 바깥으로 향하게 디자인해야 좀 더 단아해 보인다.

2 줄호엽은 루프를 만들어 사용하거나 마사지 후 길게 늘여뜨려 사용하면 근사하자.

Technique Non-spiral Hand-tied

51
AWARD CEREMONY BOUQUET
시상식 꽃다발

연말 시상식을 할 때면 축하 꽃다발에 눈이 간다. 맞다 직업병이다. 누군가 수상을 하면 여기저기서 다들 꽃다발을 들고 나오는데 꽃부터 포장지 재질까지 여간 거슬리는 게 아니다. 게다가 여러 명이 주고 가서 들고 있는 다발이 수십 개, 심지어 부스럭거리는 비닐 재질로 포장해 놓은 꽃다발에서 나는 소음 덕분에 수상소감은 뭐라니 안 들린다. 시상식 꽃다발에 쓸 거라는 걸 몰랐을까? 그랬을 수도 있다.

다행히 근래 어느 영화제의 시상식에서 수상자들이 들고 있던 아주 심플하고 정갈한 꽃다발은 트로피와 수상소감에 방해가 되지 않는 작지만 기품 있는 꽃다발이었다.

"봐! 시상식 꽃다발을 보며 지적질하는 예민하고 이상한 애가 나뿐만이 아니었던 거야"

새초롬한 그 꽃다발은 수상자당 한 개씩이라 꽃더미에 묻힐 일도 없었다. 탁월한 선택을 하고 추진한 주최 측 책임자 칭찬해!

Material

칼라릴리
엽란
곱슬버들

Comment

1 좀 더 임팩트 있는 시상식 부케를 만들고 싶다면 소재의 종류를 과감히 줄이자 2-4가지 정도의 포컬과 잎 소재만을 가지고 작업해도 충분하다.

2 포장은 되도록 최소화하거나 생략하고 어울리는 리본으로 간결하게 마무리한다.

Technique Non-spiral Hand-tied

Part

04

CONTRACT FLOWERS

　내가 일했던 영국에서는 Contract Flowers / Corporate Flowers라는 용어가 아주 흔했다. 우리말로 바꿔 부르면 꽃 정기구독, 꽃 정기배송 서비스쯤이지 싶다. 흔히 알고 있는 우리나라의 몇몇 온라인 업체에서 작은 다발이나 꽃묶음을 정기적으로 보내주는 그런 서비스의 개념과는 조금 다른데, 일정 기간 계약Contract을 하고 특정한 공간에 플라워 스타일링을 제공하는 서비스라고 할 수 있다. 꽃을 놓아두는 것이 고객에 대한 인사이자 매너인 영국에서는 당연한 서비스인 셈이다.

　기업체의 리셉션, 바, 레스토랑, 병원, 미용실, 호텔, 클럽, 개인주택에 이르기까지 고객이나 손님이 드나드는 곳은 어김없이 웰컴 플라워가 있다. 그런 이유로 영국에서는 컨트랙 플라워가 플로리스트나 꽃집의 중요한 업무이기도 하며, 핫한 거래처의 Contract Flowers를 얼마나 많이 가지고 있는지가 소위 잘나가는 꽃집의 척도가 되기도 한다. 꽃집의 입장에서 보면 정기적인 서비스이기에 당연히 고정적인 수입원이 되어준다. 경기와 시즌에 따른 수입의 변동이 꽤나 큰 우리나라의 꽃집 사정을 잘 아는 나에게 컨트랙 플라워를 당연한 것으로 여기는 그들의 문화는 부럽기 짝이 없었다. 영국에서의 첫 직장은 꽃 하는 사람들이면 이름만 대면 알만한 업체였는데 매주 내보내야 하는 컨트랙의 양을 보고 기함을 했던 적이 있다. 십 수 명의 플로리스트들이 수백 개의 화병을 채워야 하고 4-5대의 전용 용달차가 런던 전역으로 끊임없이 실어 날랐다.

　감사하게도 이제는 우리나라도 점점 그 수요가 늘고 있는 듯하다. 상업 공간은 물론이고 개인주택에 주기적인 꽃 장식을 원하는 고객들도 생겨나고 있으니, 한국의 꽃 동지들이여, 미리미리 공부해두자. 고객의 니즈에 맞는 컨트랙 플라워를 말이다.

　그때 그 시절의 경험 때문인지, 혹은 플로리스트라는 직업병 때문인지 나는 어느 공간에서든 자꾸 꽃을 찾는 버릇이 생겼다. 호텔이나 파인 다이닝을 하는 레스토랑, 카페, 라운지 등등 서비스를 제공하는 장소를 갈 때마다 카운터에는 꽃이 놓여 있는지 테이블에는 어떤 꽃 장식을 했는지에 따라 나의 별점이 던져진다(물론 아무도 모르는 혼잣말로).

　깨끗한 테이블 린넨과 감각적인 커틀러리 만큼이나 꽃은 고객에게 첫인상을 만들어주는 중요한 키다. 꽃을 보고 그 집 주인장의 센스와 배려를 읽는다. 비용과 시간을 쓴다는 것은 마음이 없으면 못하는 일일 테니 말이다.

　허전해 보이거나 차가워 보이는 스팟이 있다면 꽃이 있어야 할 공간일지도 모르겠다. 나를 위해 장미 한 송이를 테이블에 놓아둔 오너 셰프의 음식은 훨씬 더 달 것 같다.

제임스 스토리
JAMES STORY

52

JAMES STORY
제임스 스토리

고객들의 요청으로 동양적인 분위기를 만들어야 할 때, 선택하는 소재는 서양란과 도자기 화병이다. 달항아리나 용춤백자이거나 상관없이 한국의 그릇들은 어떠한 소재도 유려하게 담아내준다. 제임스 스토리는 괜히 이것저것 다른 소재들과 믹스하는 대신, 한 단쯤 다발로 묶어 툭 병에 떨어뜨려 오롯한 그 자체의 멋을 즐기게 두자. 볼륨감을 위해 곱슬버들 몇 가닥 얹어주어도 좋겠다.

보기에 단순하지만 효과적인 어레인지 방법 중 하나이니 다양한 소재를 더해 연습해 보자. 단순한 라인은 쉬워 보이기에 연습 없이 눈으로만 보고 마는 경우가 많은데, 사실 단순한 라인을 만드는 작업은 복잡해 보이는 디자인보다 어려울 때가 대부분이다.

Material

제임스 스토리
곱슬버들

Comment

1 자연스럽게 핸드타이드로 잡아넣어주면 수정할 때도 용이할뿐더러 줄기의 부딪힘으로 인한 상처도 적어져 물도 깨끗이 유지된다.

2 잘한 병 꽂이는 수면 아래의 줄기도 가지런하고 깔끔하다.

3 서양란 종류는 수명이 긴 편이지만 물관리가 잘되지 않을 경우 악취가 나는 경우가 있으니 살균제(락스)를 소량 첨가해 주면 좋겠다.

4 화병과 꽃의 비율은 1:1 정도면 적당하고 곱슬버들이나 꾸밈을 위한 부소재는 좀 더 높아도 상관없다.

Technique no griding / handtied

델피늄 & 수국
DELPHIUM & HYDRANGEA

53
DELPHIUM & HYDRANGEA
델피늄 & 수국

델피늄과 수국은 아주 잘 어울리는 여름 꽃이다. 델피늄은 시원한 라인으로, 수국은 그 풍성함으로 공간을 채워주는데 서로의 장단점을 보완해주는 게 마치 파트너 같다.

컨트랙 플라워를 디자인할 때 화기를 활용하는 방법도 있는데 꽤나 유용하니 한 번쯤 연습해 보길 바란다. 같은 모양이지만 다른 사이즈의 화병을 이용, 전체 디자인에 율동감을 만들어주는 것이다. 델피늄과 수국을 한 화병에 담는 방법도 있지만 다른 사이즈의 화병에 나누어 담으면 공간을 채우기도 쉬워지고 높낮이가 생겨 자연스러운 율동감이 나타난다. 한 병에만 담지 말고 소재별로 다른 사이즈의 화병에 나누어 담아보자. 조금 더 모던한 느낌으로 디자인을 즐길 수 있다.

Material
델피늄
수국

Comment
1 델피늄은 키가 너무 다르면 지저분해 보이기 십상이니 적당히 비슷한 크기로 정리해 어레인지 한다. 다만 단조로워 보일 수 있으니 너무 똑같은 크기로는 만들지 말자.

Technique no griding

54

CYMBIDIUM TREE
심비디움 트리

개인적으로 별거 없는데 있어 보이는, 그런 디자인이 참 매력적이다. 우리가 학교에서 배웠던 경제 원칙(최소비용 최대 효과의 원칙)을 적용할 수 있는 디자인. 긴 실린더에 어울리는 스톤을 담고 마른 배나무 가지를 한 아름 꽂아, 물을 잘 올린 심비디움을 한 얼굴씩 따 가지에 핀 아이처럼 티 안 나게 매어준 후 짝퉁 스와로브스키 체인을 내리고 캔들도 몇 개 걸어주면 끝! 마치 나무 하나를 만들어 낸 기분이다.

그렇지만 조화로운 수형과 라인을 만들고 적합한 양의 양난을 엣지있게 매다는 일은 사실 그저 별거 없지만은 않다. 섣불리 달려들었다가 내 머릿속의 이미지와는 전혀 다른 조잡의 향연을 보는 일이 허다할 테니까. 직업인 플로리스트로 살아보니 그냥 되는 건 없고, 다 겪을 걸 겪어내고 지나쳐야 나의 경력과 실력이 되는 것 같다. 통과 의례가 진리다.

이 어레인지(사실 어레인지라고 부르기도 민망하지만)는 서울의 **호텔 플로랄 매니저 채용 최종 실기 시험에서도 만들었다. 호텔 레스토랑을 직접 스타일링하는 테스트였는데 예산을 적게 쓰고도 이런 효과를 낸다고 관계자들이 아주 좋아했었다.

최종 합격 후 연봉 밀당에 실패해 결국엔 다른 업체로 가야 했지만 런던 꽃 노동에서 배운 한 끗발이 통했다. 아무튼 플로리스트는 경제적이기도 해야 한다.

Material

심비디움

Comment

1 웨딩이나 잠깐의 이벤트에 사용할 때는 굳이 물 처리가 필요 없지만, 정기 배송일 때는 워터픽이나 작은 실린더를 사용해 심비디움의 수명을 연장해 주어야 한다.

2 그렇지 않으면 그 이튿날 클라이언트의 불호령을 들을 지도 모를 일이다.

3 당연한 이야기이지만 굳이 심비디움일 필요는 없다. 수명이 나쁘지 않은 소재라면 활용해보자.

4 나무의 가지로 사용한 소재들은 얼마든지 재활용이 가능하니 보관했다가 사용할 수 있다.

Technique 병꽂이

55
FLOWERING QUINCE CENTERPIECE
산당화 센터피스

겨울을 지나 봄까지 아름다운 라인의 줄기를 따라 매혹적인 꽃들이 퐁퐁 피어난 산당화며, 벚꽃, 홍매화, 개나리 등을 꽃 시장의 소재집에서 만날 수 있는데 일반적인 꽃 소재 보다 길이감이 있어 공간을 스타일링하는데 유용하다.

레스토랑이나 카페, 바 등은 플로리스트가 컨트랙 작업을 자주 하게 되는 공간들이다. 그러나 음식이 있는 공간을 위한 꽃 작업을 할 때 아무 꽃이나 이쁘다고 툭툭 가져다 둘 일은 아니다. 그런 공간의 꽃을 준비할 때 나는 몇 가지를 주의하는데

첫째, 향기가 진한 꽃은 되도록 피하는 것이 좋다. 굳이 설명하지 않아도 잘 아실 테지만 진한 꽃 향기는 음식이나 음료의 풍미를 방해하기 때문이다. 향기가 압도적이라 여기가 식당인지 꽃집인지 헷갈릴지도 모를 히아신스, 릴리, 프리지아 등은 피하는 편이지만, 라벤더나 로즈마리 같은 허브 종류는 나쁘지 않다.

둘째, 부스러지거나 쉽게 떨어지는 꽃들은 적합하지 않다. 고객의 테이블 위는 당연히 안 될 일이고, 문이 자주 열고 닫히는 출입구나 창가도 조심해야 한다. 직접적인 외풍이 잦은 곳은 꽃이 금방 피고 우수수 떨어지기 쉽기 때문이다. 특히 잔잔한 꽃들이 달린 소재들은 청소하기도 보통일이 아니니 주의해 사용하자.

남의 영업장이다. 안 치워도 그만인 내 작업실이 아니란다.

#하루가 멀다하고 들르는 조셉의 이웃
#[이곤]에 봄을 놔드렸어요
#이곤

Material	Comment
산당화	1 곧게 뻗은 일자의 라인을 가진 소재보다는 몇 갈래로 퍼진 가지들이 있는 소재가 풍부한 볼륨감을 만들어 준다.
	2 이미지의 화기는 키가 큰 모양이라 무게 중심(Actual Balance)이 흔들릴 수 있다.
	3 화병안에 무게감있는 자갈이나 돌을 좀 넣어주면 흔들림을 방지할 수 있다.

<Actual Balance 와 Visual Balance>

영국의 꽃 학교에서 배운 대로 나는 플라워디자인이든 그 어떤 것이든 밸런스가 중요하다고 믿는 부류이다. 플라워 디자인을 하며 항상 염두에 두는 이 두 가지의 균형은 나에게 진리의 말씀과 같다.

- Actual Balance 실제적인 무게 밸런스

꽃의 중량이 종류마다 꽤나 다르고 프로티아나 방크샤처럼 한 스템의 무게가 장미 한단에 맞먹는 소재는 잘못 위치를 잡게 되면 어레인지가 자꾸 기울어지면서 큰 절을 한다. 무게의 분산과 중심을 잡아주자.

- Visual Balance 형태나 색감의 밸런스

바라보았을 때 거슬림 없이 편안함을 주는 균형미, 그 편안한 라인과 컬러 팔레트를 찾는 일은 보기보다 쉽지 않다. 하긴 그게 쉬우면 누구나 다 플로리스트 하겠지. 작금의 현실을 보면 그런 것도 같지만

56

트로피칼 플라워 센터피스
TROPICAL FLOWER CENTERPIECE

56
TROPICAL FLOWER CENTERPIECE
트로피칼 플라워 센터피스

꽃하면 대부분 사랑스러운 느낌의 어레인지를 떠올리게 되지만 앞서 이야기 했듯 상품으로써의 디자인과 공간 장식으로써의 플라워디자인은 조금 달라질 수밖에 없다.

영국에서의 꽃린이 시절, 윌리엄 클락 William Clarke 이라는 플라워 업체에 실습을 나간적이 있었다. 그는 남아프리카공화국 출신의 영국인 플로리스트였는데, 남아공 출신답게 이국적인 소재들을 많이 사용했다. 나는 그 당시에만 해도 꽃은 예쁘고 사랑스러워야 한다고 생각했었는데 그들이 사용하는 이국적인(대체로 남아공에서 들여온) 소재를 보며 힘 있고 와일드한 꽃들의 매력을 알게 되었다. 그리고 그런 소재들이 어울리는 공간이 있다는 것을 알게 된 것은 좋은 공부였다. 우리나라의 꽃 학교들도 반드시 실습을 의무화해야 한다고 믿는다. 경험하는 것 만큼 좋은 수업은 없으니까.

열대 몬순이나 사바나의 정글 어디쯤에서 만날 수 있을 것 같은 형형색색의 소재들과 프로티아, 헬리코니아, 버드 오브 파라다이스 등은 감사하게도 수명마저 길다. 일주일은 관리 없이 보관할 수 있는 충분한 소재이기에 컨트랙용 플라워로 더할 나위 없이 어울린다. 또한 장미 수국에만 익숙한 일반인들의 시선을 집중 시켜 주기도 한다. 부드럽고 유려한 라인은 아니지만 힘 있고 단단한 분위기를 만들어주기에 남성적인 공간에도 어울리는 소재가 바로 열대성 절화이다. 다만 거의 대부분의 수량을 수입에 의존하므로 우리나라 꽃 시장에서는 참 귀한 분들이다.

플로리스트들이여 '만천하에 나팔을 불자'가 아니고 '다양한 소재를 알리자'

#존재감 만땅에 긴 수명까지
#컨트랙에 최고 헬리코니아
#가격은 말고ㅠ

Technique No Griding & Floral Foam

Material

헬리코니아
말채
종려잎

Comment

1. 아열대/열대성 소재들은 따뜻한 곳 출신들이라 추위에 약하다. 10도 이하의 냉해가 생기기 쉬우니 꽃 냉장고 출입을 삼가야 한다.

2. 한 줄기의 무게가 꽤 나가는 편이니 화병이 너무 작거나 가벼우면 넘어지기 쉬워 무게 균형에 신경을 써야 한다.

3. 존재감이 뚜렷한 소재라 다른 필러 없이도 좋지만 이국적인 느낌이 나는 잎 소재(몬스테라, 야자, 오죽)와도 잘 어울린다.

57

CYMBIDIUM CENTERPIECE
심비디움 센터피스

앞서 이야기했던 트로피컬 플라워 못지않게 이국적이면서도 동양적인 디자인을 할 때 자주 사용하는 소재는 심비디움이다. 우리나라에서는 주로 분화로 많이 보던 소재였는데 런던에서는 오히려 절화로 인기가 많았다. 동양의 어느 나라, 그것도 꽃의 불모지에서 건너온 나에게 심비디움은 복덕방 한켠에 방치된 커다란 화분쯤이었다면, 그들에게는 오리엔탈 뷰티였던 것 같다. 공간장식을 하며 하루가 멀다하고 자주 만나던 소재였으니 말이다. 적어도 일주일은 두고 보아야 하는 컨트랙 플라워의 경우 투명한 화기 사용은 주의해야 한다고 배웠다. 투명한 화병은 수면 아래 줄기의 어수선함이 그대로 다 노출되며 교체하지 않은 물이 점점 오염돼가는 게 다 보일 테니 말이다.

그래서 투명한 화병을 사용할 때는 되도록 내부를 다른 소재로 가리거나 In covering 줄기를 가지런히 보이도록 정리했다. 자신 없으면 유색 화기를 쓰는 편이 안전하다. 아름답게 하자고 준비한 꽃장식이 공해가 되는 건 한순간이다.

그리고 보니 꽃 일은 참 신경 쓸게 많은 일이다. 그래도 어쩌겠어 이렇게나 즐거운 것을...

#이번주는 여기저기 다 노랑
#봄이 오려는건가
#In covering 은 매너인거 다들 아시겠어요?

Material

심비디움
야자잎
곱슬버들
몬스테라잎

Comment

1 심비디움은 수명이 긴 편이지만 반드시 중심의 립(lip)을 확인하고 구매해야 한다.

2 색상이 또렷하고 탱글탱글한 립이 건강하다.

3 색이 번져있거나 부드러워져있으면 구매하지 않는다.

4 간혹 얼굴이 너무 무거워 쳐지는 경우가 있는데 단단한 가지나 대나무에 묶어 디자인에 활용할 수 있고 무거운 부분에 달린 꽃을 솎아내 사용해도 된다.

5 덜어낸 꽃은 버리지 말고, 수반에 띄워두었다가 사용한다.

Technique No Griding & Floral Foam

58

화이트 앤 그린 센터피스
WHITE & GREEN CENTERPIECE

58
WHITE & GREEN CENTERPIECE
화이트 앤 그린 센터피스

취미로 꽃을 배우던 시절, 꽃린이에게 가장 즐거운 놀이는 유럽의 플라워 디자인 책들을 찾아보는 일이었다. 그 당시 한국의 꽃 책들은 플라워 러버가 읽기엔 난해한 작품집들이나 화보집 같은 류의 양장본이 대부분이라 이해하기 어려운 게 사실이었다. 물론 그건 나의 무지함에서 기인한다. 나는 꽃을 생활 속의 소품이라 생각하는 플로리스트이기에 너무 아티스틱 하거나 아카데믹한 어레인지에는 큰 감흥이 없다. 아무튼 그러다 한 대형서점의 외국서적 코너에서 발견한 유럽의 꽃 책들은 그야말로 오아시스 같았다.

아직도 제인 패커의 책을 처음 펼쳤을 때가 생각난다. 대부분의 어레인지가 우리들의 공간 속에 있었다. 거실 한켠, 독서 등 옆, 티 테이블, 주방, 테라스...

우리가 살아가는 그 공간에 함께 있었다. 꽃이 주인공이 아닌, 그 공간이 혹은 그 공간에 머무는 이가 주인공이었던 거다. 유레카! 그런 꽃을 만들고 싶었다. 누군가의 생일에, 고백에, 저녁 테이블 한 켠에 있을법한 그런 꽃을

공간장식을 할 때 몇 가지 사용하는 방법이 있는데 그중 하나가 모양은 다르지만 비슷한 느낌의 화병을 세트로 사용하는 것이다. 몇 가지 소재를 한 병에 담는 방법도 좋지만 소재별로 나누어 다른 화병에 담아두면 또 다른 분위기를 연출할 수 있고 풍성하면서도 율동감 있는 표현이 가능해진다. 또한 공간에 있는 가구나 벽지 패브릭 등을 주의 깊게 봐두면 연결감 있는 디자인을 만들 수 있다.

테이블을 닮은 화병, 카키색 암체어와 깔 맞춘 유칼립투스, 유치하지만 꽤나 효과적이었다.

Technique Different Sizes of Vases

Material

유칼립투스
리시안서스

Comment

1. 장식하고자 하는 공간의 가구, 벽지, 커튼, 조명 등을 알기 위해 미리 답사해두면 좋고 부득이할 땐 사진을 요청해서 관찰하는 것도 방법이다.

2. 사이즈가 다른 화병을 그룹핑으로 사용할 때는 낮은 화병 쪽을 조금 더 풍성한 소재로, 높은 화병을 날씬하고 길이감 있는 소재로 표현하면 밸런스가 자연스럽다.

3. 하나의 화병엔 한 가지 소재 정도가 적당하다. 두세 개의 화병에 여러 가지 소재를 동시에 놓으면 오히려 산만해 보이기 쉽다.

온시디움 센터피스
ONCIDIUM CENTERPIECE

59
ONCIDIUM CENTERPIECE
온시디움 센터피스

앞서 언급했던 제임스 스토리가 강렬한 레드 톤을 표현하기에 좋은 소재였다면 그에 못지않게 자주 사용하는 온시디움은 산뜻한 노란색을 표현하고 싶을 때 자주 선택하게 된다. 지인들에게 요리해 주기 좋아하는 어느 기업 대표님의 쿠킹 스튜디오로 보냈어야 했기에 음식과 어울리는 컬러인 노랑이나 오렌지 쯤이 적당한 선택이었다.

음식과 함께 있거나 가까이 있어야 하는 꽃꽂이를 해야 할 때는 조금 더 신경이 쓰인다. 혹시나 향이 진해 음식의 풍미를 떨어뜨리지는 않을지, 너무 소재가 많고 화려해 음식이 아닌 꽃에만 시선이 가지는 않을지, 쉽게 떨어지는 소재라 테이블이나 음식에 낙하하지는 않을지…

런던에 있을 때는 테이블에 앉게 되는 사람들이 지인들인지, 타인들인지도 체크하라고 했던 기억이 난다. 그로 인해 센터피스의 높이가 달라진다는 이야기였다.

그 정도까지는 아니지만 그럼에도 불구하고 공간을 읽는 눈은 플로리스트에게 있어야 하는 것 같다. 공간과 상황을 전혀 고려하지 않은 꽃꽂이는 혼자 몰래 하고 SNS에 올리시라. 고객의 앞접시에 우수수 떨어진 꽃잎처럼 고객들의 주문도 우수수 일지도 모를 일이니

#그래도 봄은 오는거야
#봄기운 가득한 병꽂이는 드레스샵으로
#이전 축하 선물

Material

온시디움
유칼립투스
곱슬버들

Comment

1 온시디움은 제임스스토리와 비슷하지만 줄기가 가늘고 가벼워 병에 꽂으면 쳐지기 쉽다. 곱슬 버들처럼 힘을 받쳐주기 좋은 소재들과 섞어 쓰면 셰입을 만들기 용이하다.

2 냉장보관보다는 실온보관이 안전하다.

3 늘어지기 쉬운 소재는 입구가 좁은 화기를 활용하는 편이다.

Technique No Griding

60
LILY CENTERPIECE
백합 센터피스

참 쉽지 않은 꽃이었다. 백합은 초보 플로리스트인 나에겐 가까이하기엔 너무 먼 당신처럼 생각되었다. 화형이 길어 피고 나면 거대한 불가사리처럼 보일뿐더러 꽃술이 파우더리 해지면서 주변을 오염시키고 진한 향기는 부담스러울 지경이었다. 좀처럼 손이 가지 않았다.

사실 꽃을 만지는 자에겐 좋은 태도는 아니다. 꽃을 다루는 플로리스트에게 호불호가 너무 많거나 극명하다는 건 한편으로 꽃에 대한 편견이 있다는 이야기이기도 하니까

가장 영국적이고 클래식한 플라워디자인을 가르치는 영국의 내 첫 플라워 스쿨은 백합 같은 전통적인 소재를 자주 사용했다. 나의 철딱서니가 바닥이었을 때는 '이 꽃이 싫어, 저 꽃이 싫어'를 무슨 고상한 취향이나 되는 듯 지껄이기도 했는데 나이 지긋하신 담당 선생님께서 '플로리스트는 모든 꽃을 사랑하는 사람이란다'라고 하셨을 때 스스로 참 멀었구나 싶은 생각에 부끄러웠다. 그 이후로 조금은 입을 다물 줄 아는 플로리스트가 되려고 노력한다.

그래서 나의 마지막 졸업 에세이의 주제는 백합이었다. 수료를 위해선 한 가지의 소재를 정해 그것의 역사와 생육, 디자인에 관련한 에세이를 작성해야 했는데 나는 백합과 친해지기로 했다. 에세이를 준비하면서 백합이 얼마나 유서 있고 귀족적인 꽃인지 그리고 매력적인 소재인지 발견하게 되었다.

런던에서 일하면 오래되고 전통적인 베뉴[venue]들을 방문하게 되는데, 그곳을 장식했던 백합은 지금까지 내가 알던 백합과는 전혀 다르게 보였다. 고전적이고 클래식한 그들의 공간에 안성맞춤이었다. 공간의 매력 때문이었을까 아니면 친해지고자 했던 나의 가상한 노력 때문이었을까

첫 만남에서의 판단은 보류하는 게 맞다.

Technique No Griding

Material

백합
밍크버들

Comment

1 한때 농촌진흥청은 한자이름인 백합을 순우리말 나리로 통일하고자 권장했던 적이 있다. 여전히 백합을 더 많이 쓰는 걸 보면 권장으로 끝난 듯싶다.

2 플로리스트로 40년을 살아온 나에게 런던에서 나의 보스 테레사는 나에게, 백합을 디자인해야 할 때면 버들과 유칼립투스를 던져주었다. 백합 또한 대표적인 폼 플라워이기에 다양한 소재와의 믹스보다는 어울리는 그린소재들과의 조화가 훨씬 안전하다.

3 지금껏 백합을 사용할 때면 응용하는 디자인 팁이다. Thank u Teresa!

4 꽃술은 미리 제거해야 후폭풍이 적어진다. 요즘 나오는 로즈릴리(겹릴리)는 수술에서 나오는 파우더가 적어 사용하기 편리하다.

61
ALLIUM CENTERPIECE
알륨 센터피스

어떤 소재들은 상품 디자인보다 공간장식을 위한 디자인일 때 빛을 발하기도 하는데 나에겐 알륨이 그렇다. 개인적으로 알륨은 상품보다 컨트랙 플라워나 공간장식을 위한 디자인에 주로 사용하는 경우가 많다. 아무래도 알륨의 꽤나 거대한 사이즈나 명확한 화형 때문인지 소품디자인에서는 알륨 혼자만 도드라져 보일 때가 많기 때문이기도 하다. 소품에 활용하고 싶다면 밸런스를 반드시 생각하고 디자인하면 좋겠다.

플로리스트에게는 공간장식을 위한 플라워디자인 또한 꽤나 매력적인 작업이다. 공간을 읽고 그와 어울리는 플라워를 찾아내는 작업도 플로리스트로써 참 흥미로운 일이었다. 그래서인지 런던에는 상업공간을 위한 꽃들만을 제공하는 전문 업체들도 꽤 흔했다. 그들은 평상시엔 빌딩의 로비, 레스토랑, 카페, 미용실, 호텔, 개인주택을 위한 꽃 작업을 하고 가끔씩 웨딩이나 이벤트를 위한 꽃을 만든다. 고객을 직접 만나는 매장을 가지고 있지는 않지만 대신 스튜디오 같은 공간에서 꽃을 준비한다. 고객이 드나드는 공간에 꽃이 있어야 하는 게 매너이자 문화인 런던에는 그래서 플로리스트의 활동 영역이 넓다.

우리나라도 예전에 비해 꽃을 두는 공간이 조금씩 늘어나고 있는 듯하다. 더 많아져서 컨트랙 플라워를 전문으로 하는 업체도 런던만큼 늘어났으면 하는 마음이 제발 현실이 되기를 꿈꿔본다.

Material
알륨
수국

Comment
1 알륨은 많이들 알고 있듯이 물이 금방 상하니 락스를 조금 섞어 살균 처리해 주면 좋다.
2 얼굴에 비해 줄기는 가늘어 보이는 편이라 아래의 마감을 수국이나 넓은 잎으로 해보자.
3 일렬로 같은 높이로 어레인지 하기보단 높낮이를 조금씩 주면 덜 지루해진다.

Technique Different Sizes of Vases

Material

알륨, 수국, 델피늄, 곱슬버들

62
ROSE CENTERPIECE
장미 센터피스

 매주 같은 공간에 꽃을 장식하는 일은 흥미로운 작업이기도 하지만 동시에 쉴 새 없이 다가오는 숙제 검사 날 같기도 하다. 같은 공간에 매번 같은 꽃을 가져다 놓을 수도 없고, 지난주와 같은 컬러는 피해야겠고 등등 아무래도 제약이 생기기 마련인데, 숙제가 잘 안 풀릴 때면 집어 드는 마스터키는 장미다.

 꽃 시장에 언제나 가도 있고 호불호가 크지 않으며, 컬러도 수 십 가지에다 수명도 컨트랙 플라워로 충분하기까지 하니 말이다. 아무 때나 뜬금없이 아주 오랜만에 연락해도 흔쾌히 받아주는 그런 친구처럼 장미는 그렇다.

 우리는 어쩌면 글램하고 화려한 것이 있을 거라는 기대로 그 어떤 한 방을 찾으며 살고 있는지도 모르겠다. 그게 찾아지면 감사한 일이고 설령 찾지 못했을지라도 내 곁에 장미 같은 친구 한 명쯤 있으면 그걸로 감사한 일 아닐까

Material
장미
동백
산동백가지

Comment
1 온리 로즈로만 다발을 잡아 화병에 넣어도 좋다.

2 수명이 중요한 컨트랙 플라워에서는 그린의 활용이 중요하니 어울리는 폴리지를 찾아 매치 해놓으면 작업이 수월하다.

Technique Spiral Hand-tied

안서리움 센터피스
ANTHURIUM CENTERPIECE

63

ANTHURIUM CENTERPIECE
안서리움 센터피스

어레인지를 마무리하긴 했는데 무언가 하다만 느낌이 들 때 나는 안서리움을 집어 든다.

대표적인 폼 플라워 form flower 중 하나인 안서리움은 2~3송이만으로도 충분히 그 진가를 발휘해 주기 때문이다. 게다가 감사하게도 금방 시들지 않고 오래 버텨주기까지 하니, 공간을 장식하는 컨트랙 플라워로도 참 어울리는 소재가 아닌가 싶다. 나는 폼 플라워의 팬은 아니지만 밋밋한 디자인이 신경 쓰일 때면 어김없이 폼 플라워 중에 하나를 골라들게 된다.

"Form Flower (형태 꽃으로 꽃의 모양이 독특하고 사이즈도 대부분 큰 편이라 타고난 화형이 화려하며 존재감이 크기 때문에 작품에서 포인트, 액센트가 되어주는 꽃) 주변에 충분한 공간을 두고 폼 플라워가 잘 보이게 사용하거나 다른 꽃들보다 높이 사용해 입체감을 주기도 한다." 라고 이론서에는 나와 있다. 단 이건 플로리스트 과정에서 이야기하는 교과서적인 내용이므로 일차적으로 숙지하고 실제 디자인에 어떻게 쓰면 좋을지는 플로리스트의 감각 그리고 내공에 의지한다. 개인적으로 디자인을 할 때 교과서에 나온 형태에 따른 꽃 구분을 100% 따르지는 않는다. 몇몇 소재들은 바운더리 없이 폼과 매스, 필러를 넘나들며 사용하기도 한다. 예를 들어 수국은 대표적인 매스 플라워이지만 때로는 필러로 혹은 폼 플라워로 활용하기도 한다. 유연해질 필요가 있다.

대신 뿌리는 단단하게 내리고 있어야 한다. 그래야 바람이 불면 흔들리되 뽑히지는 않을 테니까

기본은 지키되 융통성 있는 그런 디자이너이고 싶다.

Material

안서리움
델피늄
설유화
유칼립투스

Comment

1 안서리움은 영문명이 anthurium 앤써(번데기발음)리움이다. 안서리움, 혹은 안수리움까지는 납득이 가는데 안시리움은 출처불명의 이름이다. 플로리스트라면 특히 꽃 선생이라면 요상스런 콩글리시 이름들은 한 번쯤 체크해 보자.

2 수량이 많다고 화려해 보이거나 효과적인 소재는 아니니 안서리움의 매력을 나타내줄 수 있는 정도면 충분하다. 언제나 과유불급

Technique No griding

#두꺼운 겨울옷은 넣어두고
#봄같이 살랑살랑한 아가들로만
#이번주 꽃장식
#안시리움 아니고 #앤서리움
#더 아난티 클럽 청담

Part
05

OTHER

나는 싫증을 쉽게 느끼는 사람이다. 그래서 플로리스트가 되었나 보다.

꽃은 지루할 새가 없다. 꽃 시장에는 신기하게도 매일매일 새 꽃이 들어오며 플로리스트는 그 꽃으로 작업을 한다. 꽃이 시드는 걸 아쉬워할 겨를도 없이 새 꽃을 만난다는 설레임에 가슴이 두근거리니 중독도 이런 중독이 없다.

사실 그 매력에 중독이 되지 않은 누군가가 플로리스트가 되기를 꿈꾼다면 슬쩍 말리고 싶다. 고생문이 훤할 테니까.

아무튼 좋아하는 일을 직업으로 삼는다는 건 축복받은 일임에 분명하다.

그러나 웬걸, 그렇게나 갈망하던 플로리스트라는 직업인이 되고 나니 나의 고질병이 도졌는지 반복적인 작업이 많아지면 도지개를 틀기 시작했다.

그래서 매장에만 있지 않기로 했다. 브랜드를 위한 외부 작업을 나가고, 호텔 플로리스트 시절 다신 안 하리라 다짐했던 웨딩 플라워도, 수강생을 만나는 꽃 수업도 놓지 않았다.

꽃 작업도 그랬다.

꽃다발만 하루 종일. 꽃바구니만 하루 종일 제작했더라면 난 금세 전빵문을 걸어 잠그지 않았을까 그러나 그런 나의 마음을 알았는지, 꽃바구니 말고도 플로리스트를, 고객을 홀리는 매력적이고 오아시스 같은 디자인들이 또 다른 재미를 준다.

앞서 나열한 디자인들이 든든한 집밥 같은 식사라면, 이번 챕터에서 소개하는 디자인은 가끔씩 생각나는 달콤한 디저트 같다.

아무튼 또 그러한 연유로 꽃은 지루할 새가 없다.

64

리스
WREATH

64
WREATH
리스

플라워스쿨을 졸업하고 런던에서 처음 했던 작업은 리스였다. 외벽에 거는 벽걸이용 리스였는데 우리나라와는 달리 프레임에 이끼를 감아 리스 베이스를 직접 만들었다. 결국 리스를 두 번 만드는 셈이다. 물론 그런 밑 작업은 나 같은 견습생(전 세계에서 영국으로 건너온 플로리스트 워너비들)들의 몫이긴 하다. 참 많이 만들었다. 왜 그들은 리스에 그리 열광할까?

상업공간은 말할 것도 없고 가정에서도 겨울이면 크리스마스 리스를 할로윈 때에는 할로윈 리스를 대문 앞에 척척 걸어둔다.

리스는 인류가 가장 오래 해 온 플라워 어레인지라고 한다.

끊어지는 형태가 아닌 써클^{Circle} 의 모양은 시간의 흐름을 상징하고 그들의 가치, 영생이라는 기독교적인 세계관을 담기도 하는, 어쩌면 가장 유서 깊은 플라워디자인이라고 할 수 있다. 감겨있는 릴 와이어$^{reel\ wire}$ 로 소재를 단단히 감아 만들기 때문에 리스를 만드는 시즌이면 플로리스트의 손은 와이어 상처가 나고 아물기를 반복하다 굳은 살이 배기기도 한다.

끊임없는 시간의 흐름을 담은 리스, 끊임없는 노동이 기다리는 플로리스트의 첫 작업이었다.

#조셉리스는 만드는데 시간이 오래걸려요
#런던에서 구박받으며 배운대로
#꾸역꾸역 미련하게 소재를 때려넣기 때문이죠

Material

유칼립투스
편백
측백
침엽수

Comment

1 폴리지 foliage (잎 소재)를 이용한 리스는 되도록 정 시계방향으로 만들어주면 리스의 시간의 흐름을 더 잘 표현해 줄 수 있다. 반시계 방향으로 만들어놓고 anti-aging이라고 우기기 없기

2 수분이 너무 많은 소재보다는 말리기 좋은 소재들로 작업하면 좀 더 오래 즐길 수 있다.

Technique wiring

Material
———————————
유칼립투스, 편백, 측백, 침엽수

Material
———————————
유칼립투스(폴리), 에키놉스, 알비플로라, 아이반호, 측백

플라워박스
FLOWER BOX

65
FLOWER BOX
플라워박스

많은 플로리스트나 일반인도 자주 만드는 플라워 박스는 사실 플라워디자인이라기보다는 선물 포장을 위한 패키지 디자인에 가깝다고 봐도 무방하다. 가끔 꽃이 담긴 플라워 박스만 선물하는 고객들도 있기는 한데 뚜껑을 열어야만 볼 수 있는 센터피스인 셈이라 플로리스트 입장에서는 꽃이 잘 보이지 않으니 꽤 아쉬운 디자인이다.

아무튼 꽃보다는 선물이 주인공이다. 내가 디자인을 하며 항상 생각하는 과유불급만큼이나 중요한 모토는 주객전도!

꽃은 거들 뿐 선물이 잘 보이도록 하고 '나의 꽃 예술을 보라'는 잠깐만 넣어두고, 꽃과 함께 있는 선물상자나 봉투가 어색하지는 않게 디자인 하자.

Material

수국
장미
미니장미
작약
퐁퐁소국
리시안서스
스카비오사
옥시페탈룸
아이비

Comment

1 가장 쉽다고 생각하는 어레인지이지만 개인적으로 플라워 박스는 고급과정 이상에서 다시 한번 공부해야 하는 디자인이다. 뻔해 보이는 디자인은 가볍게 보게 되고 자주 연습하지 않게 된다. '저까짓 꺼쯤이야'는 오해다.

2 사용하는 박스는 젖은 플로랄 폼의 무게를 견딜 수 있는 정도의 두께와 무게감을 가지고 있어야 한다.

3 2~3개쯤으로 층 layer 을 만들어주면 입체감을 만들기 좋다.

다양한 플라워박스 디자인

various flower box designs

66

벤또 디자인
BENTO DESIGN

66
BENTO DESIGN
벤또 디자인

언젠가 zen 스타일이 유행했던 적이 있다. 동양과 불교의 정적인 느낌을 담은 스타일인데 유럽인들에게 아마도 동양하면 일본이 가장 먼저 떠올랐나 보다. 제인 패커의 젠 스타일에도 벤또^{bento} 라고 이름을 붙인 거 보면.

열심히 이것저것 꽃 공부를 하던 시절 일본의 이케바나 디자인 클래스를 알아본 적이 있었는데 일본 현지 수업료가 만만치 않았었다. 그런데 런던에서 살던 집 근처 커뮤니티센터에 이케바나 클래스가 있었다. 그것도 일본인 선생님께서 일본 현지의 수업료와는 비교도 안되는 저렴한 비용으로 말이다. 젠 스타일의 유행도 있었겠지만 일본의 꽃문화가 영국인들에게는 고급문화로 간주되는 분위기였다.

본인의 아이덴티티는 잃지 않은채 그 시류를 놓치지 않고 차용해 벤또 디자인이라는 새로운 아이템을 만들어낸 제인 패커는 참 영민했다. 실현 가능할지는 아직 미지수지만 나도 그런 플로리스트이고 싶다.

Material
유칼립투스
편백
측백
침엽수

Comment
1 zen 선(일본식 불교), (불교의) 선종 / Profound meditation within that denomination of Buddhism

2 실제 벤또 박스나 낮은 수반형 화기를 활용할 수 있다.

3 다양한 꽃을 활용하기도 하지만 이끼나 돌, 목부작, 괴목 등을 활용해도 근사하다.

Technique PAVE, Grouping

<이케바나를 배우면서>

신기하게도 일본 전통 꽃꽂이를 유럽의 중심, 영국에서 배우면서 다시 한번 컨텐츠와 마케팅의 중요성을 느꼈다. 정부와 단체의 지원은 고리타분할 수 있는 그 오랜 전통을 트렌드로 탈바꿈시켜 외국인들이 즐기기 좋은 고급문화체험을 생산했다. 같은 강의실에 앉아있던 동급생들이 대부분 작가, 화가, 교수, 디자이너 등 지식인들이었으니 일본의 마케팅 전략은 꽤 잘 먹혔던 것 같다. 나만 외국인 육체노동자였다는 슬픈 사실

아무튼 나와는 잘 맞지 않아 중급쯤에서 마무리했지만 승급 행사 때는 일본 현지에서 이케바나 마스터님을 비즈니스 클래스로 모셔오기도 한단다. 꽃문화를 위한 그들의 긴 투자와 관심이 부러웠다.

며칠 전 우리나라 꽃 농가가 하우스를 갈아엎었다는 뉴스를 보았다.
우리는 달라질 수 있을까?

67

크리스마스 캔들 리스
CHRISTMAS CANDLE WREATH

67

CHRISTMAS CANDLE WREATH
크리스마스 캔들 리스

크리스마스는 꽃쟁이들에겐 어버이날만큼이나 즐겁고 바쁜 시즌이기도 하다. 향기만으로도 행복한 크리스마스 전나무들이 시장에 깔리고 시나몬과 말린 오렌지, 솔방울도 훈훈하다. 예수님 생신에 전국 아니 전 세계 플로리스트들이 이리 설렐 수 있다니 그야말로 할렐루야!

리스는 크게 두 가지로 나누는데 하나는 앞에서 언급한 벽걸이용이고 또 다른 하나는 센터피스로서의 리스이다. 테이블 장식을 위해 벽걸이용 프레임을 쓰기도 하지만 벽걸이용과 달리 생화를 주로 사용하니 아무래도 플로랄 폼이 좀 더 안전하겠다.

크리스마스 리스로는 문이나 벽에 거는 벽걸이용도 근사하지만 캔들과 어울리는 테이블용 리스도 매력적이다.

일반적인 센터피스가 조금 심심하게 느껴진다면 캔들과 리스, 일석이조의 센터피스는 크리스마스 장식으로 어떨까

Material

미니장미
스키미아
부르니아
옥스포드
더글라스
측백
크리스마스오너먼트

Comment

1 뚫려 있는 가운데는 그냥 두기도 하지만 대부분 캔들이나 캔들라브라를 이용해 채운다.

2 가운데 부분이 높아지면 테이블 포지처럼 보이기 쉬우니 반드시 베이글 모양처럼 되었는지 확인한다.

3 캔들라브라 candelabra : 17세기 후반쯤부터 사용한 것으로 하나의 줄기에서 여러 개의 가지가 갈라진 형태처럼 만든 장식용 촛대

Technique Ring Floral Foam

조화 장식
ARTIFICIAL FLOWER DECORATION

68

ARTIFICIAL FLOWER DECORATION
조화 장식

플로리스트가 되고 좋은 점 중의 하나는 어떤 행사장이든 먼저 볼 수 있다는 점이다.

얼마전 경복궁에서 열린 행사는 더 흥미로웠다. 대중에 공개되지 않은 곳까지 들어가 꽃 장식을 해야 했으며 수십 년 만에 공개되는 궁궐의 일부를 일개 꽃 부역자인 내가 들어가다니 플로리스트 하길 잘했다.

한 번의 세팅으로 2~3주간의 행사를 치러야 하기에 당연히 생화는 언감생심이고 조화를 써야 만했다. 보관도 쉽고 재고 걱정 안 해서 편하다고들 하지만 나는 여간 신경이 쓰이는 게 아니었다. 너무 조화처럼 보이는 조화를 피해 끊임없이 생화와 가장 비슷한 소재를 찾아다녀야 한다. 너무 대놓고 조화는 곤란하잖아!

문득 궁금하다. 그 옛날 궁에는 꽃 장식을 하러 궁궐을 뛰어다니던 꽃 궁녀, 꽃 나인이 있었을까? 있었다면 경복궁 행사장의 나 같은 모습이었겠다.

#아직 무덥지만
#경복궁은 가을 준비
#고궁엔 에어컨 없나요? 불볕이 정말 따뜻해

Material
시즌 조화

Comment
1 조화로 소품을 만들 때는 우레탄을 사용하는 편이지만 이미지의 대형 항아리 같은 경우는 스티로폼과 우레탄을 함께 쓰면 작업이 빠르다. 이때 스티로폼은 수평이 아닌 수직으로 세워 넣어야 조화 고정이 용이하다.

2 생화도 그렇지만 조화 또한 직사광선에 노출되면 변색되니 보관은 빛이 없는 곳이나 어두운 비닐, 상자를 이용한다.

3 조화는 물론 온라인으로도 쉽게 구매 가능하지만 꽃시장 한편으로 도매시장이 구성되어 있으니 한번 둘러보자.

Technique Floral foam (Urethane)

69

FLOWER TOPIARY
플라워 토피어리

사실 생각해 보면 플라워 디자인이라는 게 그리 많은 종류가 있는 것은 아니다. 꽃다발, 꽃바구니, 꽃병 등등 세어보면 몇 개 안된다. 그래서 우리에겐 차용과 응용이라는 매직이 있는 것 아닐까. 플라워 박스에 사용했던 기법인 파베^{PAVE}는 보석 디자인에서 가져다 쓰는 테크닉이고 토피어리는 가든 디자인에서 가져다 쓰는 디자인이다.

로마시대의 정원사가 자신의 정원수에 라틴어를 새겨 넣은 데서 유래한 토피어리는 이니셜뿐만 아니라 동물, 도형 등 다양한 아이템으로 다듬는 기술이다. 일반적으로 플라워 토피어리라고 하면 줄기나 가지로 기둥을 세우고 플로랄 폼을 끼워 만드는데 개인적으로는 1구짜리 촛대를 이용하는 방법을 선호한다. 가지고 있는 촛대를 활용할 수도 있고 꽃을 즐기고 나서도 촛대로 다시 사용할 수도 있기 때문이다. 비록 다른 필드에서 가져다 쓴 디자인이지만 플라워 토피어리는 이미 매력적인 플라워 상품으로 자리를 잡았다.

나 역시 견습 시절, 런던의 유명 플라워샵의 상품을 고대로 따라 만드는 게 일상이었다. 폴라 프라이크$^{Paula\ Pryke}$랑 똑같이, 제인 패커$^{Jane\ Packer}$랑 똑같이...

서정주 시인이 본인을 키운 건 8할이 바람이라고 한 것처럼 플로리스트 조셉을 키운 건 어쩌면 8할이 모방이었을 게다.

Material

장미
카네이션

Comment

1 토피어리 : 자연 그대로의 식물을 여러 가지 동물 모양으로 자르고 다듬어 보기 좋게 만드는 기술 또는 작품

2 토피어리에 사용하는 플로랄 폼은 직접 다듬어 사용할 수도 있지만 다양한 형태의 상품으로 나와 있기도 하다. 다양한 모양의 플로랄 폼은 오아시스 스미더스사의 온라인 몰에서 구하기 쉽다.

3 이미지에 있는 구형태의 토피어리는 구에 머리띠를 씌우듯 돌려가며 어레인지하고 머리띠 사이의 빈 공간을 채우는 순서로 작업한다.

Technique Candlestick & Ball Floral Foam

Part

06

Tip & Talk

LEARN
WHERE
ABROAD
WANT
BRAND
DISEASE
KNIFE
STOP

'꽃꽂이를 배우고 싶어요'

꽃 수업을 하다 보니 아무래도 이와 관련한 질의 응답이나 상담을 자주 하게 된다. 사람은 경험의 동물이라 아무리 객관적 답변을 해주고 싶어도 나의 경험을 바탕으로 말하게 되는 일이 많다. 그러므로 나의 조언은 기나긴 나의 꽃 여정에 바탕을 두긴 하였으나 철저히 개인적인 경험과 의견이므로 이 글을 읽는 독자의 상황과 형편에 맞게 걸러 듣길 바라며, 의미 없는 악성 비방은 양자 간에 백해무익하니 사양하련다.

CASE 1
꽃은 어디서 배우나요?
Where do you learn flowers?

일단 본인이 하고자 하는 꽃꽂이의 목적이 무엇인지 정하는 게 좋다. 무료한 일상과 스트레스로부터의 힐링을 위한 것인지, 취창업이 최종 목표인지 생각하고 접근하면 좋겠다.

찾아보면 의외로 많은 곳에서 플라워클래스가 열린다. 백화점, 마트, 지역 문화센터, 화훼전문학원, 꽃집, 개인작업실, 클래스 어플리케이션 등등 검색만 조금 해보면 줄줄이 나오니 초보라면 일단 가깝고 비용의 부담이 없는 곳에서 시작하면 된다. 조금 더 품을 팔 의향이 있다면 관련 SNS를 검색해 보고 정하자. 백지상태로 시작하면 상상하던 것과 전혀 다른 꽃을 만나는 낭패를 볼 수도 있다.

CASE 2
플로리스트가 되고 싶어요
I want to be a florist

플로리스트가 되어야겠다고 마음먹었다면 기본적인 공부를 어느 정도 한 상태일 것이다. 그럼 다시 또 목적을 생각해 볼 필요가 있다. 훗날 내가 '매장에 취업하거나 창업을 할 것'인지 문 걸어 잠그고 '작품 활동만 할 것'인지를 명확히 할 필요가 있다. 기본적인 테크닉을 배우는 시간은 너무 중요하다. 꽃 학원들이 있으니 기본을 공부하자. 그리고 될 때까지(여기서 될 때까지라는 건, 완벽한 기교가 아니라 주저함 없이 만들 수 있을 때 까지다) 반복학습을 하자.

그다음이 전문가과정이나 창업과정쯤이다. 장사 안 하고 작업실만 열어 작품 활동하는 것이 주 목적이라면 맘에 드는 플라워 스타일을 구현하는 작자를 찾아가면 된다.

꽃집을 하고 싶다면 지금 현재 죽이 되든 밥이 되든 매장을 운영하며 고객들의 주문을 처리하는 선생님을 찾는 게 현명하다. 스튜디오 안에서 만들어 감상하는 아름다운 꽃도 나쁘지 않지만 적어도 고객이 지갑을 열어 구매하는 꽃이 어떤 건지 현장 실무 감각이 충분히 있는 꽃 선생을 찾아 공부하는 게 좋다. 그리고 꽃 선생이 전문가가 되기 위해 어디서 어떤 공부를 했고 어느 업체에서 어떤 일을 했는지 확인할 필요가 있다. 그들의 학업은 수강생들의 기초를 다지는데 자양분이 되고 그들의 경력은 수강생들에게 실제적인 조언을 주는데 필수요건이 된다.

스타일이 자주 바뀌거나 본인만의 톤이 없는 꽃 선생은 아직 입장 정리가 안 된 플로리스트일 가능성이 높으니 두 번 생각해 보자.

자본주의사회에서 수강료 책정은 곤란 남이도 지만 재료비 대비 회당 수강료가 너무 높은 경우도 있으니 주의하자. "빈 수레가 요란하다"라는 옛말이 있듯이 다 이유가 있는 법이다.

나의 경우에는 꽃을 배우자 마자 바로 강의를 시작한 선생님이나 강의를 하는 공간 없이 여기저기를 빌려서 하는 경우의 클래스는 수강하지 않았다. 또한 매장을 운영하고 있는지 혹은 클래스의 비율은 너무 과하지 않은 지가 나의 체크포인트이기도 했다.

CASE 3
꽃 유학이나 연수는 필수인가요?
Is it mandatory to study flowers or study abroad?

"당연히 어느 것도 필수는 아니다"

다만 우리가 하고 있는 플라워 디자인은 유럽의 그것을 답습하는 경우가 대부분이니 아무래도 꽃 문화의 본토에서 보는 그들의 꽃은, 배우는 이들에게 좋은 경험이 될 수도 있다. 그러나 현지에서 충분한 공부와 경력을 쌓고 한국에서 활동하는 플로리스트들도 있으니 굳이 해외에 가지 않아도 오히려 우리 실정에 맞게 현지화된 유럽의 디자인을 배울 수 있고, 훌륭한 국내파 플로리스트들도 조선 팔도 방방곡곡에 있으니 유럽행은 아주 개인적인 선택일 뿐이다.

대체적으로 1년 이상, 대학에서 진행하는 정규 코스를 유학이라 하고, 플로리스트가 매장이나 스튜디오에서 개인적으로 운영하는 1주~한달 정도의 코스를 연수라 한다. 요즘은 워크샵이라는 용어도 자주 쓰는 듯하다.

창업까지의 시간이 넉넉하고 아직 어리다면 유학을, 이미 창업 중이거나 직장 생활 중이라면 연수가 적당하다. 다만 유학이든 연수든 인생역전을 꿈꾼다면 아주 가성비가 떨어지는 창업 비용이 될지도 모른다.

'꽃 외유는 갈증을 채워줄 뿐이지 우물을 파 주지는 않는다.'

SNS용 사진이나 홍보용 프로필 때문에 비행기에 올라타는 우愚는 범하지 말자. 중요한 건 연습을 바탕으로 한 스스로의 실력이니까.

CASE 4
브랜드 이미지
Brand image

겁도 없이 첫 창업이라는 대형사고를 저질러 놓고 제일 먼저 한 일은 BI(Brand Identity)를 만드는 것이었다. 10평도 안되는 동네 꽃집에 무슨 가당찮은 브랜드로고 씩이나라고 생각할 수도 있었겠지만, 런던에서 플로리스트로 먹고살던 시절 이미 브랜딩의 파워를 경험했기에 나에게 창업의 첫걸음은 브랜딩이 먼저였다.

런던 플로리스트의 분주한 아침, 어느 손님이 다른 곳에서 구매한 꽃다발을 비닐 백에 담은 채 무 늪지 나바녔나, 늘찍 보니 린턴의 릭셔니 플로리스트(Luxury Florist. 내가 지어낸 용어가 아니다. 마트나 거리에서 파는 플라워와 구별하기 위해 그들이 사용하는 용어이다)에서 구매한 느낌은 아니었다.

내가 일하고 있던 매장의 쇼핑백만 따로 구매하고 싶다는 손님의 문의는 당황스러웠다. 명품 브랜드의 쇼핑백을 당근에서 거래하는 사람들의 심리와 같은 것이었을까? 그 고객은 저렴하게 구매한 본인의 꽃다발을 럭셔리 플로리스트의 상품으로 둔갑시키고 싶었던 것이다. 버킨백도 스피디백도 아닌 그저 꽃다발이었을 뿐인데, 손님은 바로 브랜드의 이미지가 필요했던 거였다.

그날의 일은 꽃의 변방 한국에서 온 외노자 플로리스트인 나에게 꽤나 큰 충격으로 남았다. 플로리스트의 아이덴티티가 담긴 BI는 디자이너의 스타일과 분위기를 반영하는 중요한 메신저가 된다.

폴라프라이크의 컬러풀한 패키지, 모이세스 스티븐스의 클래식한 BI, 제인패커의 미니멀한 로고만 보더라도 그늘이 추구하는 꽃의 이미지를 떠올릴 수 있다.

지금이야 꽤 많은 꽃집들이 로고 작업을 하지만 나는 창업에 관한 강의를 할 때 반드시 브랜딩에 관한 이야기를 한다. 비용이 전부인 누구에게는 다 돈이겠지만, 나만의 리본, 나만의 패키지는 어쩌면 동네 화원에서 플로리스트의 부티크로 변신할 수 있는 무기일수도 있지 않을까

#원하는 컬러 나올때까지 리본집 사장님을
#너무 들볶아서 반성중
#Simply pink

CASE 5
플로리스트의 직업병
A florist's occupational disease

나의 별명은 Walking Hospital이다.

플로리스트가 되려면 반드시 거쳐야만 하는 소위 '시다(어시스턴트)' 생활을 나는 외국에서 겪었다. 한국의 샵과는 일의 양 자체가 달랐다. 끝도 없이 화기를 닦고 짐을 싸고 나르는 일이 허다했다. 미련하게 일하던 시절이었기에 허리디스크를 선물로 받았고 뉴욕과 한국에서는 웨딩과 호텔 실장 노릇을 하느라 대형작업이 끊이질 않았던 그 덕분에 시술을 받지 않으면 일하러 나갈 수 없을 지경으로 허리가 망가지기도 했다. 허리 통증이 줄어들 때쯤 손목과 어깨의 통증이 시작되었다. 가위질 때문이었다. 어깨가 아파 오른쪽 팔은 가슴 위의 높이로는 올리기 힘들었고 손목은 너무 쑤셔 자다가도 깨기 일쑤였다. 항상 물과 가까운 직업이기에 어느 날 인가는 손바닥에 한포진이 생겨 젓가락질을 하기 힘들었던 적도 있었다. 글을 쓰고 나니 정말 불쌍하기가 짝이 없다. 그럼에도 꽃을 보면 백치같이 웃음이 나오니 제 정신이 아닌 건 꽤나 확실한 것 같다

그리고 또 한 가지, 영화나 드라마를 볼 때 플라워 어레인지만 보인다는 것이다. 당구에 미친 사람들이 자려고 누우면 천장으로 당구공이 굴러다니다고 했던가? 의상과 패션이 전부였던 영화 '악마는 프라다를 입는다'에서는 메릴 스트립의 사무실에 놓이는 컨트랙 플라워에만 눈이 갔고 '섹스 앤 더시티'는 샬롯이 살던 파크애비뉴 아파트의 웰컴 플라워만 보였다. 영국 여왕에 관한 영국 드라마 'the Crown'의 배경으로 등장하는 플라워 어레인지먼트만 나오면 되감기 버튼을 계속 눌러대는 요상한 정신병도 앓고 있다.

문득 런던의 Garrick Club House 데코 중에 화병을 옮기느라 낑낑대던 나를 보며, 저택의 계단을 겨우겨우 오르시던 클럽 회원 영국 노신사의 한 마디가 아직도 기억에 남는다.

"Hey, Young man! Don't Get Sick !!!"

암튼 아프지 마시라, 꽃쟁이 여러분

CASE 6
진짜 플로리스트는 칼을 사용해야 한다고 하던데
A real florist should use a knife!

그렇다면 나는 단연코, 가짜 플로리스트이다.

둘 다 사용하기는 하지만 가위의 비중이 높다. 칼이 먼저고 가위가 먼저고는 탁상공론이고, 사실 칼이든 가위이든 중요한 건 블레이드가 얼마나 샤프하냐는 거다. 고가의 가위나 칼을 갈지 않고 오래 쓰는 것만큼 어리석은 게 없다.

차라리 저렴한 칼이나 가위를 자주 바꿔 쓰는 게 컨디셔닝에는 더 좋다. 이가 나갔거나 거칠어진 날은 얼른 정리하는 걸로 하자.

CASE 7
힘들어요, 그만 해야 할까요?
It's hard, should I stop?

'꽃이 지긋지긋해요, 힘들어요, 그만 해야 할까요?' 꽃집을 몇 년 운영했던 수강생분이 어느 날 뜻밖의 질문을 했다. 본인은 요즘 그만해야겠다는 생각이 문득문득 드는데 나는 그렇지 않으냐는 거였다. 미루어 짐작건대 꽃 자체가 지겹다는 이야기는 아니었을 것이다. 반복적이고 무료한 플로리스트의 일상이, 노동의 강도에 비해 가성비가 현저히 떨어지는 본인의 수입이 그랬으리라 미루어 짐작해 본다.

그렇다면 나의 경우는 천만다행인지 불행인지 아직까지는 즐겁다. 다만 사람 덕에 힘든 경우는 가끔씩 있다. 꽃을 하는 사람들이 모두 아름답지는 않다는 사실을 순간순간 깨달을 때...

나는 싫증을 잘 내는 부류이다. 플로리스트가 되기에는 게으르기까지 하다. 그럼에도 불구하고 아직까지 꽃을 보는 게 즐겁다. 그게 이유다. 플로리스트가 감내해야 하는 육체적 피로감과 나날이 적빈해지는 지갑, 기함하게 만드는 진상 고객들의 가당찮은 수작까지. 장애물은 사방팔방 산재해있지만 꽃을 보는 순간 레드썬, 주문처럼 잊히니 아마 단기기억상실증이라도 걸린 모양이다.

그치만 지겨워지는 어느 순간이 온다면 과감히 꽃가위를 내려놓을지도 모르겠다. 하지만 아직은 꽃이 정말, 너무, 겁나 좋다.

CASE 8
조셉이 생각하는 플로리스트 워너비에게 중요한 것!
What Joseph thinks is important to florist wannabe!

'꽃에 대한 애정, 합당한 교육과 경력, 감각과 체력'

너무나 잘 알고 있듯이 플로리스트는 꽃을 좋아하지 않으면 할 수 없는 직업 중 하나이다. 꽃이 목적이 되어야지 수단이 되어서는 고된 일의 강도 덕에 살아남기 힘들지도 모른다. 무경력의 자칭 플로리스트가 넘쳐나는 근자의 흐름 가운데 플로리스트가 되기 위한 합당한 교육과 그에 따른 경력 쌓기는 필수이다. 디자인과 컬러에 대한 감각도 남달라야 빛이 나는 육체노동이 따르는 직업군이기에 체력 관리 또한 필수 요소 아닐까

끊임없는 공부와 실무 경험이 미래의 재산이다. 본인이 좋아하는 일이라면 되도록 오래 할 수 있도록, 그리고 그 직업으로 먹고살 수 있도록 내공을 기르는 일이 무엇보다 중요하다 믿는다. 본인만의 스타일과 내공으로 다른 플로리스트들과 달라지자.

I send a big hug
to florists, florists wannabe, and flower lovers who will see this book.
Because we are on the same side